The Future of Public Services

公共の未来

古見彰里
Komi Akinori

2040年に向けた自治体経営の論点

日経BP

CONTENTS

CONTENTS

序章

いま行政に何が起こっているのか

志の高い若手職員が辞めていくという現実

まずは「公共」の定義を考えてみよう

行政を題材とする上で、まずは「公共」という言葉を理解しておかなければならない。日本国憲法12条ではこう定義されている。

この憲法が国民に保障する自由及び権利は、国民の不断の努力によって、これを保持しなければならない。又、国民は、これを濫用してはならないのであつて、常に公共の福祉のためにこれを利用する責任を負ふ。

平たく言えば、自由と権利は保障するが、それは公共の福祉のために使うものであるとしている。私はすごく大切な定義だと考えている。公共というのは社会という単位ではなく、「共につくる公」であり、「大いなる共感」のようなものだと思っている。つまり、主体となるのは個々人であり、一人ひとりが主体的に自律的に公をつくっていくということだ。公共は決して行政だけの役割ではない。当然、人それぞれで立場や考え方は異なるが、それを理解し認め合って共感する。その上で、参加型の社会を一緒につくっていくことが「公共」なのではないだろうか。

少し堅苦しい話からスタートしたが、冒頭でこのテーマに触れたのは、日本という国の状況がこの10～30年間で大きく変質したからだ。言い換えれば、社会問題がより深刻化したということであり、しかも将来を展望しても残念ながら悲観的な予測ばかりである。

わが国の生産年齢人口（15～64歳）は1995年の8716万人をピークに減少し続けており、少子高齢化の加速に歯止めがかからないのが実情だ。2020年に7509万人（実績値）だった生産年齢人口は、2040年には6213万人に、さらに2070年には4535万人にまで減少すると予測されている（内閣府「令和6年版 高齢社会白書」）。労働力不足はもちろん、国内需要の減少による経済規模の縮小など様々な社会的・経済的課題の深刻化が懸念されているが、当然、それに連動して行政サービスも変わっていかざるを得ない。

出所：「令和6年版 高齢社会白書」

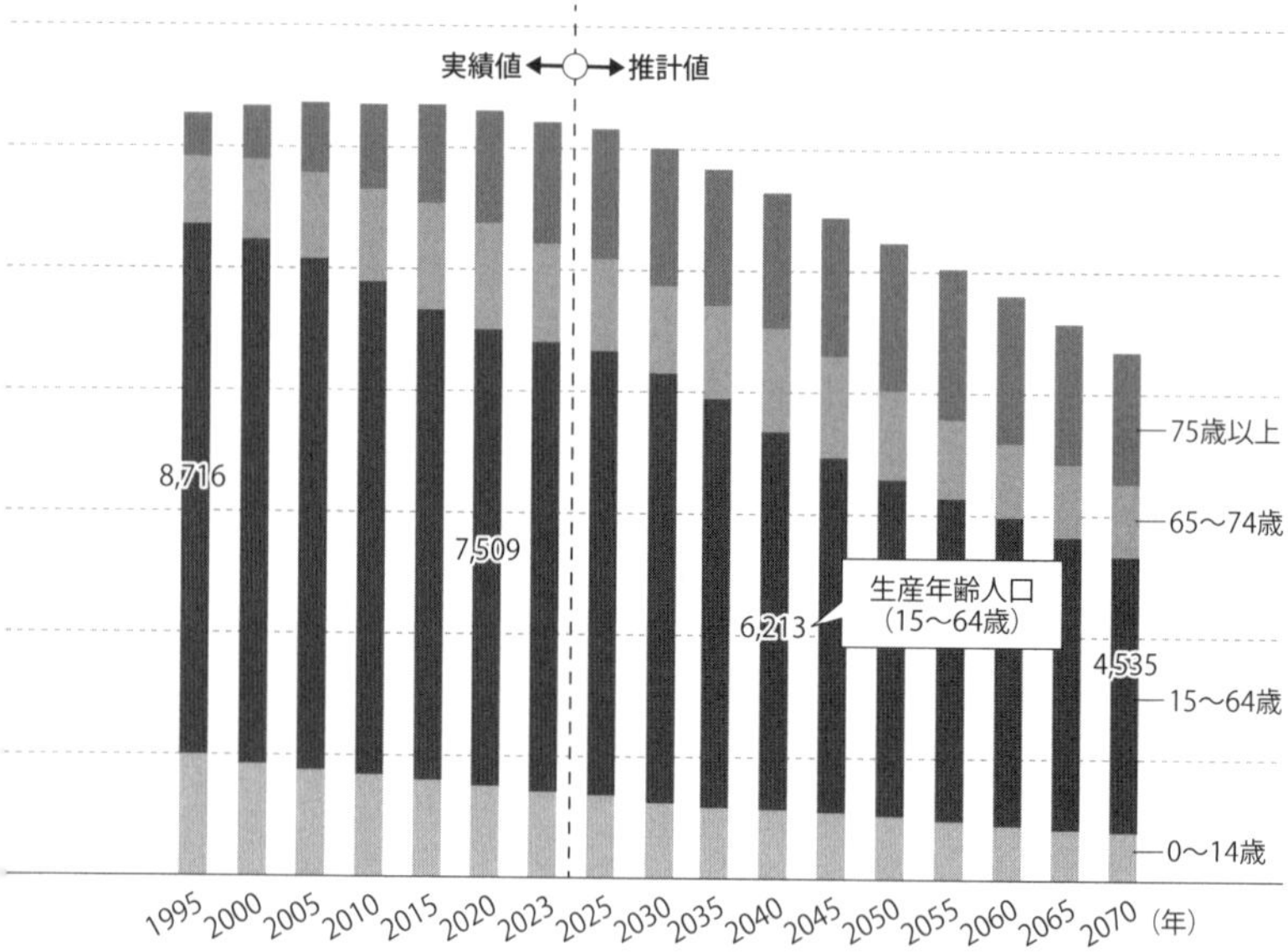

　例えば、高齢化がさらに進むことで社会問題も増えるため、行政の仕事も増え続けていく。逆にそれに対応するための行政の職員数は不足するため、需要と供給の関係から公共性を維持することが難しくなってしまう。

　こうした深刻な状況はあっという間にやってくる。それを乗り切るためには「公共＝行政」と考えるべきではないし、社会問題の解決や対策を行政だけに押し付けるべきでもない。地域住民には何でも

●生産年齢人口（15〜64歳）の推移と将来推計

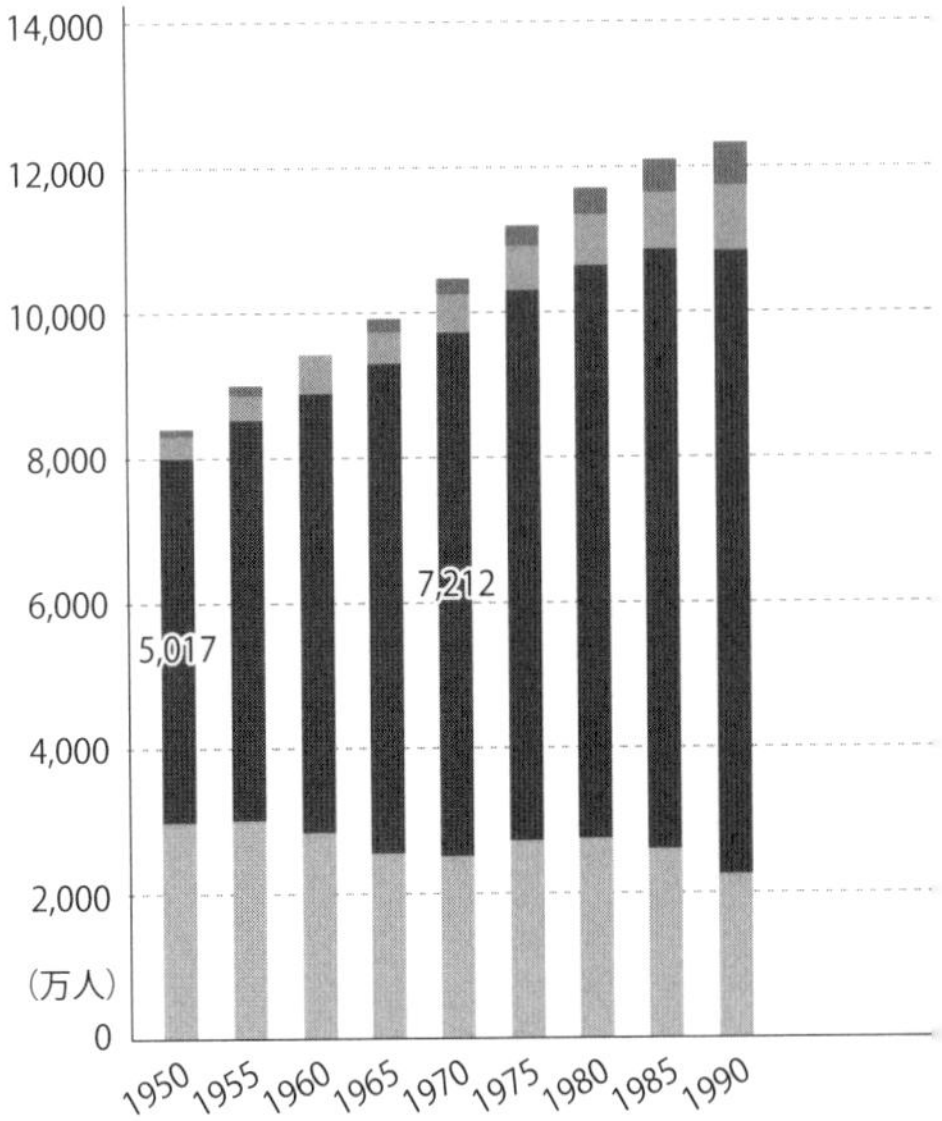

行政の責任にする身勝手さ、そして「行政だから叩いてもいい」というマインドセットがある。この構図から考えても、もはや「共」が成立していない。行政だけに頼るのではなく、行政以外のプレーヤーが公共サービスの維持に参画するといった仕組みや世界観をつくるべきだと私は考えている。行政を担うプレーヤーが変わっていかなければ、公共のパイを維持できなくなるということだ。

行政が最後のセーフティーネットになっている

日本では戦後から1970年代半ば頃にかけて三大都市圏に人口が流入し、それ以降は特に東京圏への人口移動が増えた。これはほとんどが若年層によるものだ。かつて地方では祝祭を中心とした様々な行事が催されていたし、いろいろな人の目にさらされながら自分の意思決定をしていくという環境が当たり前のようにあった。子供が何かいたずらをすると、近所のおじさんやおばさんたちが容赦なく叱っていた。他人の子供であっても「悪いものは悪い」「いけないことはいけない」と注意する。いい意味で地域の相互監視の環境があり、もちろん助け合いもあった。

大学進学や就職などで東京一極集中が加速し、結婚して家庭を持つと郊外の団地に新居を構えた。こうして核家族化が進んだことで、地域のセーフティーネットはどんどん希薄化していった。インターネットやスマホが普及して誰もがその利便性を享受しているが、一方では匿名性が高いことから家族や衆人の物理的な監視が全く届かなくなった。

悪いことをしないように下支えしていたはずのものがなくなれば、家庭内のＤＶや幼児虐待といった事件も増える。こうした事件が起こると、いつも行政の責任にされてしまう。悲惨な事件が頻発するのは社会構造の変化によるところが大きいのだが、マスコミ報道では親など個人の責任をないがしろにして、「児童相談所はどう対応していたのか」「対応は適切だったのか」と徹底して吊るし上げる。行政や児童相談所の担当者が記者会見で謝罪する場面を見るのは本当に辛い。痛ましいことが起きた背景や本質、今後二度と起きないようにするための予防策まで深掘りするメディアや識者は皆無である。こうした事件の根本を全く見極めていないのは非常に残念である。

少子化の一因である未婚化・晩婚化に対する取り組みとして、婚活事業を主催している自治体もある。出会いから結婚・出産までを通じて定住を促し、将来的な人口増に結び付けるためである。例えば福岡県が主催する「福岡県出会い・結婚応援事業」は、趣向を凝らした様々なイベントを県内各地で開催している。運営は民間企業に外部委託しており、２００５年の事業開始から２０２４年3月末までに約６５０組が成婚に至っているという。かつては近所の世話好きのおばさんが人と人を結び付ける仲人役をしていたが、ネットやSNSが普及したこともあってこのようなリアルな縁結びは少なくなった。男女の知り合う機会を行政自らが提供することで信用が担保されるため、民間の婚活パーティーや出会い系アプリに抵抗感を持つ人たちにとっては安心して参加できるというメリットがあるのだろう。

一方で、「シニア婚活」もクローズアップされている。日本の男性の平均寿命が81・05歳（厚生労働省「令和4年簡易生命表」）であるのに対し、未婚男性の死亡年齢中央値（50％の人が死亡する年齢）は人口動態調査からの推計では68歳前後とされ、圧倒的な差がある。いわゆる独居老人問題はどの自治体も抱える大きな課題の1つとなっている。地域住民に健康で長生きしてもらうためにも、良き伴侶を探すシニア婚活を支援する自治体が今後出てくるかもしれない。

行政に社会問題を押し付けるようになって久しい。そして、地域の最後のセーフティーネットとしての行政に対する期待値や依存度、負担はかつてないほど過大になっており、今後もさらに高くなる可能性がある。「行政の仕事は格段に増えているのに、地域住民からのリスペクトが少ない」というのも大きな問題だと私は感じている。市民や企業も含めた社会が「共」であるはずだったのに、その社会が時代の流れで変わってきた。「共」の力が弱くなり、地域住民から行政への「一方通行」になってきている。「何でも行政がやればいい」「行政の責任」とすることで世間の溜飲は下がる。「自分のせいではなくなる」といった国民全体のマインドセットは非常に危ういと思っている。

公共の概念が変わり、それを支える地方自治体は大変な負担を強いられている。私は地方自治体に寄り添うコンサルタントとしてこうした現状に警鐘を鳴らすとともに、少しでも改善・解消していきたいと考えている。その第一歩として読者の皆さんに現状を伝え、私が共感していることを伝えたいというのが本書を上梓した理由である。ここで言う読者とは、地方自治体で奮闘する職員の人たちのことである。もっとも、自治体も変わっていかなければならない。そのため、増え続ける業務や役割に対応すべく、組織や業務の改革、人材育成などにどう取り組んでいくべきかを本書で提示することで、行政に関わるすべての人たちと共闘したいと考えている。

高度経済成長から続く昭和の名残

メインプレーヤーとしての期待や負担が行政に偏ってきたと前述したが、様々な共感を得られるようなリーダーになっていくためにも、自治体あるいは自治体職員は変わっていかなければならない。しかし、そこに至るまでのハードルは高く、解決すべき課題は山積している。例えば、実際の仕事現場には「紙にハンコ」といった〝昭和の名残〟がそこかしこに見受けられる。さらに、地方自治体の業務は長きにわたって「手続き処理型」になっている。

これは行政だけに限った話ではなく、日本の産業界全体がそうだと言える。なぜこうしたアナログな手法が定着したのかといえば、１９５０年代半ば以降の高度経済成長に起因する。この時代の成長エンジンは製造業だった。特に鉄鋼などの重化学工業が発展し、生産設備を次々と増強した。また、道路の整備が進むと乗用車を買い求める消費者が増え、家庭にはテレビ・洗濯機・冷蔵庫の「三種の神器」を中心とする電化製品が急速に普及した。品質の高いプロダクトを正確に大量生産することが求められる中、地方から上京してきた若者が様々な工場の生産ラインに配置された。

私が指摘したいのは、大量生産時代から50年経過した今でも、行政における「人の役割」が変わっていないということだ。売り上げ＝アウトプットを拡大していくためには、同じ製品を大量生産・大量販売すればいい。一方、コスト＝インプットには原材料や製造にかかる人件費などの「売上原価」のほか、従業員の賃金を中心とした「一般管理費」などがある。つまり、製造ラインに大量に労働者を配置して大量生産し、それを大量に販売するという構図が、日本の経済発展と国民の生活を豊かにした。今のようにオートメーション化が導入されれば人員は最小限で済むが、当時は割り当てられた仕事をミスなくこなす人員が大量に必要だったのだ。このスタイルが産業界のメインストリームになったわけだが、行政においても同じだった。このかつての労働集約モデルがいまだに根強く残っているのが地方行政だと思っている。

１９９０年代ごろから企業のグローバル化が進み、製造業は人件費の安い海外に工場を移転していった。空洞化した産業の中心がサービス業などにシフトしたが、米国のように知的集約的な金融やＩＴを産業化していくことができなかった。重要なのは、そうした知的集約型ビジネスがアウトプットとインプットが相関しないビジネスモデルだということだ。金融は指数関数的に売り上げが上がるし、ＩＴサービスではシステムやソフトウエア、ソリューションを一旦開発すれば、取引先やユーザーを爆発的に拡大していくことができる。つまり、最小限のインプットでアウトプットを最大化できる。行政において、このインプットとアウトプットのギャップをどう変えていくかが、いま抱えている大きな課題の1つだと考えている。

自治体はどう変わればいいのか

では、昔のスタイルから脱却してどこに向かえばいいのか。その答えは「問題解決・プロジェクトマネジメント型」への転換である。具体的な流れを紹介すると、まずは

「現状とあるべき姿とのギャップ」を見つけること。このギャップを「問題」として位置づけ、その原因を掘り下げていくと、いくつか列挙される。そうすれば、「ここをこを直せば大きな問題はある程度解決できる」となり、実際に取り組むべき「課題」を設定できる。そして、課題を改善・解決するための各タスクに対して、どのように誰がいつまでにやるのかを決める。これが「プロジェクト」となっていくわけだ。

この問題解決の構図に則れば、大抵のことを当てはめられるはずだ。「何をやらなければいけないのかを自分で見つける」「幼児虐待が起こる背景や社会構造にまで考えを巡らせる」「行政が最後のセーフティーネットとしてどう応えればいいのか」――様々な疑問や問題などを自分で見つけ、解決するために何をするべきかを考えてプロセスに落としていく。具体的なタスクを立案する際には、「この部分は民間企業と連携できるかもしれない」といったアイデアも出てくるだろう。つまりは問題解決のためのプロジェクトを組成して回していく側の人材になる、あるいは手続き処理をする人を使う側の人材になるということが重要だ。ただ、最初のギャップを見つけるには現状を正しく理解できなければならないし、「あるべき姿がどういったものなのか」

●問いを立て解決を導くには

作成：グラビス・アーキテクツ

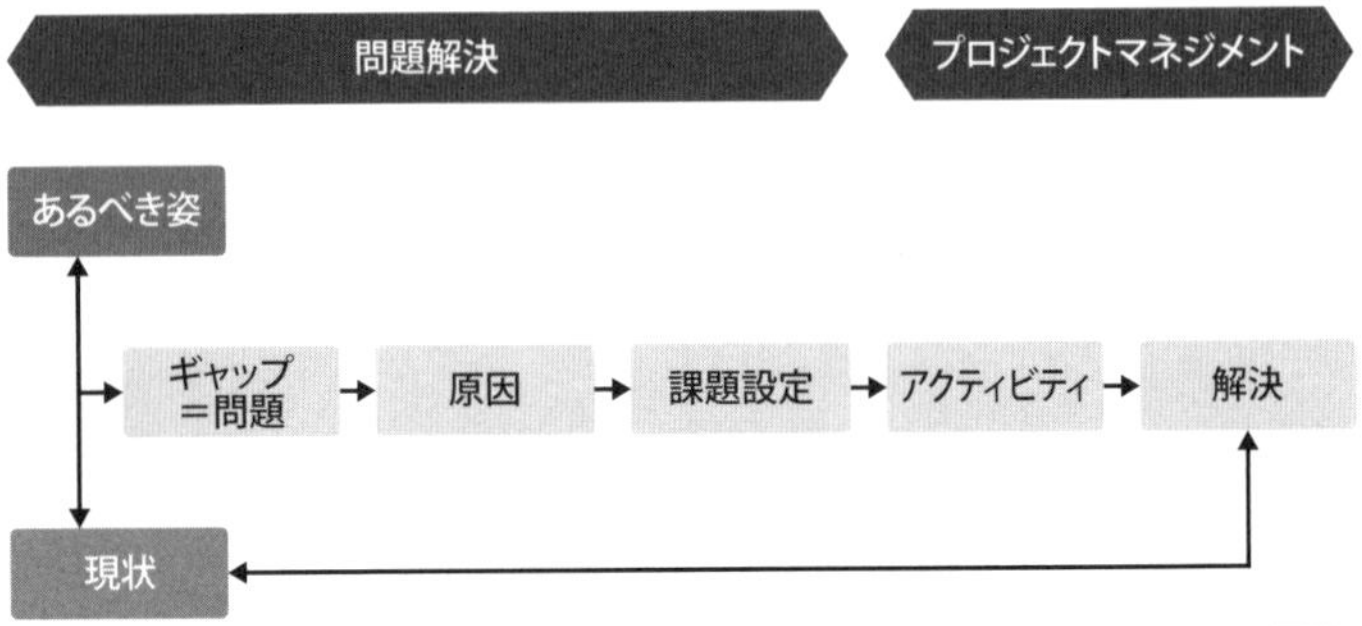

問題：あるべき姿（目標）と現状の差であり、解決すべき事柄
課題：目標と現状の差を埋めるために、やるべきこと
アクティビティ：課題を解決するための具体的なアクション

という仮説を立てなければならない。この最初のギャップが見つけられなければ、「何も問題はない」で終わってしまう。実際にこういうケースは多い。たとえ問題を見つけられても、次のステップに行く前に「面倒くさい」「忙しい」と逃げてしまうことも少なくない。

「問題解決からプロジェクトマネジメントまでの思考プロセス」ができる人材を少しでも増やすことこそ、自治体が変革するきっかけになり、そして大きな推進力になる。そして、問題解決型の業務に比重を移して「新しい価値を生む」という発想に転換しなければならない。自治体によっては、現状に対する問題意識や危機意識を持ち始めている幹部層が多少増えてきたと感じるが、私と同世代の40代後半の管理職の人たちは、公務員になった動機として「安定」を望んだ人が多いのではないだろうか。しかも、このクラスの役職になると、「指示されたことを正しくこなす」という行動や考え方が染み付いている。問題解決・プロジェクトマネジメントのスキルを備えていないのは、そもそも相応の教育や育成がなかったからかもしれない。しかし、今からでも変わっていかなければならない。いや、変わらなければ自治体の未来は描けない。

25～30歳未満の退職が突出している

地方自治体に入庁した若い世代は、自治体改革や地域貢献に対して高い意識を持つ人が多い。その一方で、20代～30代で退職する職員が増えているのは誠に残念である。総務省「地方公務員の退職状況等調査」によると、一般行政職（都道府県、指定都市、市・

●地方公務員一般行政職の年齢別普通退職者の推移

出所：総務省「地方公務員の退職状況等調査」

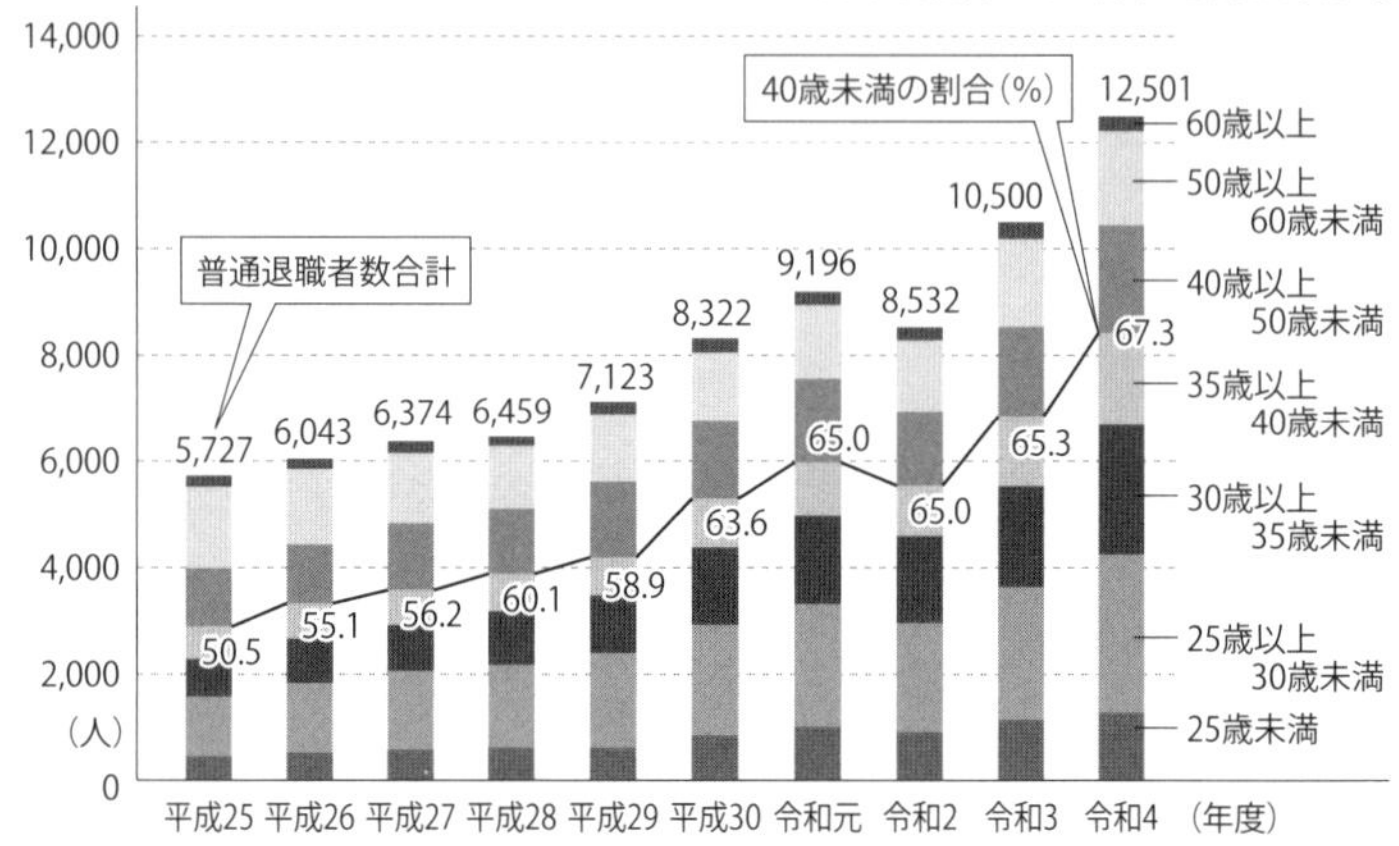

特別区、町村、一部事務組合等）の普通退職者は令和３年度に合計１万５００人と、初めて１万人を超え、令和４年度には１万２５０１人に上った。このうち40歳未満は67・３％（前年度65・３％）、さらに25歳以上30歳未満に絞ると全体の23・９％（同23・９％）と年代別ではトップとなっている。地方公務員の離職率は、約10％といわれる民間企業よりはるかに低いものの、「地元や地域に貢献したい」「人の役に立ちたい」という高い志を持って入ってきた若い人たちが、自治体の前時代的な業務や地方行政の未来に絶望して早期に辞めていくのは本当にもったいない。

若手職員が意欲を燃やして上司に改革案を提案しても、「今まで問題なく業務が進んでいたのになぜ変えなければならないのかと一蹴される」という生の声をよく聞く。その上司自体、さらに上の40代後半～50代の課室長クラスに対して進言しにくいのだろう。若い頃はやる気に燃えていたのに、年齢を重ねるごとに言われたことしかやらなくなるし、改革の提案なんてしなくなる。国からの指示には反論できないし、「自分の自治体だけ違うやり方をするなんてあり得ない」と最初からあきらめてしまう。「自分の地域はこんな事情があるからこうすべき」といった発想を強く持って政策決定しなければ、単なるワーカーと化してしまう。スキルや思考方法を武器にして、自治体職員の皆さんは主体的に問題解決に向かってほしい、それが私の願いである。

消滅可能性自治体が全国で744

先般、民間の有識者グループである「人口戦略会議」（議長：三村明夫、副議長：増田寛也）が公表した「令和6年・地方自治体『持続可能性』分析レポート」によると、「消滅可能性自治体」（20〜39歳の女性人口が２０２０年から２０５０年までの間に50％以上減少する自治体）は全国で７４４（２０１４年の前回調査で対象外の福島県の自治体を除くと７１１）に上る。前回調査の８９６より減少したが、これは外国人の増加を主因とするもので、日本人の人口で見ると出生率低下による少子化基調は全く変わっていないと指摘している。一方で、今回の調査で「消滅可能性自治体」から脱した自治体も２３９ある。人口流出の是正（社会減対策）だけでなく、出生率の向上（自然減対策）に向けて、子育て環境や教育環境の整備、移住促進、企業・工場誘致による雇用創出など様々な政策を展開してきた成果だろう。

自治体が未来永劫つぶれないという保証はない。そのために自治体は10年先を見据えた長期経営計画を立てる必要があり、今こそチェンジマネジメントが不可欠である。首長が危機意識と問題意識を強く持ち、限られたヒト・モノ・カネのバランスをとりながらミッションを遂行する、つまり「経営」をしていく感覚と覚悟、舵取りが求められている。自治体は形あるプロダクトを製造しているわけではなく、地域住民が安心して暮らしていけるようなサービスを提供している。そのサービスを構成するのは主として人である。だからこそ、既存であれ新規であれサービスを立案・実行する自治体職員が地域住民からリスペクトされ、若手を含めて全職員が高いエンゲージメントを持てるような職場環境・風土を醸成しなければならない。

将来衰退あるいは消滅するかもしれない自治体において、今後は「安定」を最優先する職員はどんどん減っていくだろう。では、自治体職員を目指す、あるいは自治体職員として働く動機のプライオリティは何なのか。それは自治体・地域に対するエンゲージメント、仕事に対するロイヤルティーであり、「生まれ育った地元を元気にしたい」「地域に貢献したい」「私たちがいないと困る人たちが出てしまう」「この仕事は地域の10年後を考えるクリエイティブな仕事」といった矜持である。その誇りを持ち続けられるような環境や空気感に変えていく必要がある。

自治体職員も「いいね！」が欲しい

職員も人間である。たとえ部署の異動があったとしても、手続き処理の仕事を何年も続けていればほとんどの人はやる気を失ってしまう。人手不足と業務量増加によって長時間労働になる一方、職場内でのパワハラやセクハラも耳にするようになった。職員が首長から何年にもわたって被害を受けてきたことが明るみになり、引責辞任したという報道が立て続けにあった。しかも、1つの自治体で被害者が何十人にも上るというから驚く。

住民からのカスタマーハラスメント（カスハラ）も増えている。一般財団法人 地方公務員安全衛生推進協会が毎年実施している調査「地方公務員健康状況等の現況」によると、令和4年度における「精神及び行動の障害」による長期病休者数（10万人率）は2142・5人と、前年度より239・2人（12・57％）増加。10年前（平成24年度）の約1・8倍、15年前（平成19年度）の約2・1倍となった。長期病休者全体に占める

●主な疾病分類別長期病休者率（10万人率）の推移

出所：「令和４年度　地方公務員健康状況等の現況」

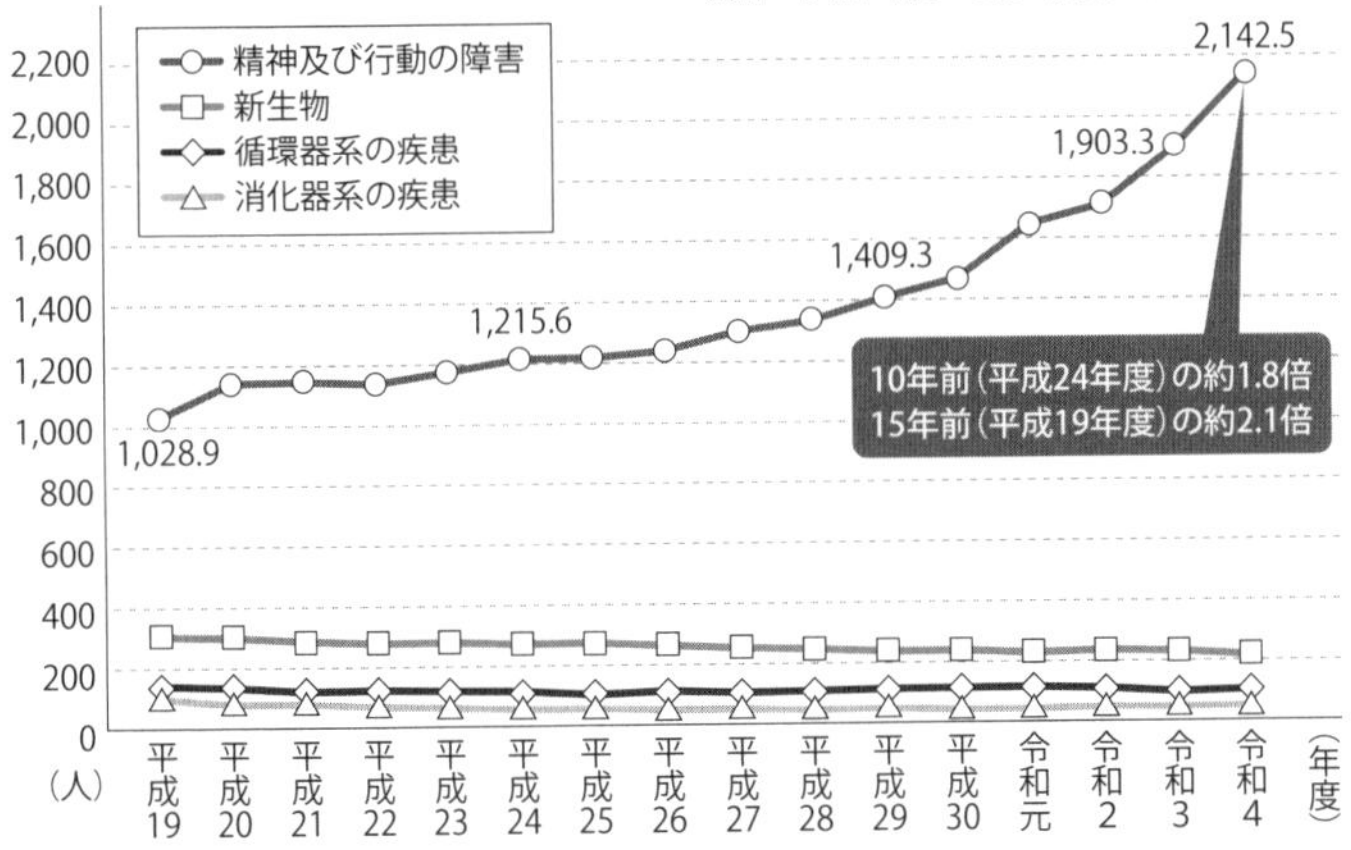

割合も65・8％と、これも前年度の63・1％より上昇している。総務省による調査（令和3年度）でも「メンタルヘルス不調による休務者が増加傾向にあると受け止めている地方公共団体は78・2％」に上っており、多くの地方公共団体がこの事態に頭を悩ませている。

　将来展望を描けないまま、毎日黙々と仕事をこなせる人はほとんどいない。今後はきちんとした人材育成方針に沿ったキャリアパスを示してあげる必要があるし、一般職とは別にデジタル職や電気職、土木職といった専門職を設けるなど、専門スキルを磨いて生かせるような大胆な制度設計を行ってもいい。こうした新しい職の採用あるいは人事評価、問題解決型人材の育成というのは、まずは組織全体をどう変えていくのかという議論から始めなければならない。地方自治体が変われるかどうかは、複雑化する社会問題に向けて自分たちの仕事のやり方が変わってきている状況を首長や幹部層が認識・理解できるかどうかにかかっている。これがまさに肝であると考えている。

「我々がやるべきことは何か」「自分たちがやらないと変わらない」という行政文化に関わるメッセージを、首長や幹部層からぜひ発信してほしい。今の若い人たちは、社会問題などに対して高い意識を持っている人が多い。だから、絶対に共感を得られるし、職員たちも上の人たちに対して期待が持てるようになる。この共感というのはすごく大切だと思っている。自分が取り組んでいる仕事に対してどんな意味を持たせるかは、経営層・上層部の役目だろう。単に「儲かる」「利益率が大きい」という尺度ではなく、「これをすると世の中に役立って社会貢献ができる」といった価値観を持てるか否か。それが職員のエンゲージメントやロイヤルティーにつながる。どの職員も自分のやっている業務に対して地域住民から共感され、「いいね！」が欲しいと思っているのである。

行政は住民のライフチェーンを見守る存在

長年染み付いた〝役所イズム〟の1つが縦割りである。国の行政機関が縦割りということもあって、地方自治体が横断型組織に転換するのはなかなか容易ではないだろう。しかし、複数の部署が連携し、部署をまたいで様々なデータを共有・共同利用することで、幼児虐待事件なども防げるようになる。生活保護や児童相談所の業務などにおいて「自分の担当する業務が終わって管轄外になったから、後は知らない」となるのではなく、行政を頼ってきた一人ひとりにフォーカスしてその先の先まで思いを巡らせてほしい。

「各部署が保有しているデータをこう活用・再利用すれば、こんな新しいサービスが考えられる」ということを、横断型のプロジェクトチームをつくって検討する。こんな試みが少しずつ増えて積み上がっていけば、数年後には全国の範となるようなサービスが生まれるかもしれない。

現在、デジタル庁主導で地方自治体の「システム標準化＝ＤＸ」が進んでいるが、どの自治体の現場もヘトヘトになっているのが実態である。ＤＸというのは単なる手段に過ぎないのに、どこも「２０２５年度末までの導入」を目指して躍起になっている。導入そのものが完全に目的化してしまっている。

国が主導することなので各自治体が受け身になるのは仕方ないが、システムの入れ替えがＤＸなのではない。住民のデータが一元化されれば、コロナ禍のときのような煩雑な業務から開放されるだろうし、児童相談所が通報を受けた際にはその家庭の属性情報もすぐに取得できるようになる。情報が一元化されることのメリットは大きい。しかし、「ＤＸのその先に何があるのか」「自分の自治体ではどんな活用をすればば住民の利便性や幸福度・満足度の向上につながるのか」をきちんと見通さなければＤＸなんて意味がない。

住民の「生まれてから亡くなるまで」という人生を見ているのは行政である。製造業におけるバリューチェーンならぬ、まさに〝ライフチェーン〟を担っているといえる。縦割りをやめれば、みんなの利益が見えてくる。そのためには、新規に別組織をつくるような柔軟さと大胆さも必要である。自治体にサービスコンシェルジュを配置する、あるいは自治体がサービスアプリを提供してもいい。行政が頼りがいのある、共感を得られる存在になるためには、大胆な意識改革と業務改革をしなければならない。本書は決して自治体を批判するものではない。新しい公共、新しい行政、そしてそれに関わる人たちは何をすべきか——。本書をきっかけに、皆さんと一緒に考えていければうれしい。

第1章

未来予測Ⅰ——「社会」はこう変わる

2040年に直面する変容の数々

高齢者増で行政サービスの需給バランス崩壊

公共あるいは地域行政に影響を与えると思われる社会環境の変化はいくつもある。まず挙げられるのが人口動態の変化である。

2020年（令和2年）国勢調査によると、2015年から人口増加になったのはわずか8都県にすぎない（増加率の高い順に東京都、沖縄県、神奈川県、埼玉県、千葉県、愛知県、福岡県、滋賀県）。残りの39道府県では人口が減少し、そのうち33道府県は5年前の前回調査から減少幅が拡大している。市町村単位で見ても、全国1719市町村の82・5％に当たる1419市町村で人口が減少した。一方、総人口に占める65歳以上人口の割合については、前回の26・6％から28・6％に上昇。日本は2005年に世界トップになって以降1位のままであるが、2位のイタリア（23・3％）との差は今回でますます広がった。

●都道府県別人口増減率（2010〜2015年、2015〜2020年）

出所：「令和2年国勢調査 人口等基本集計」

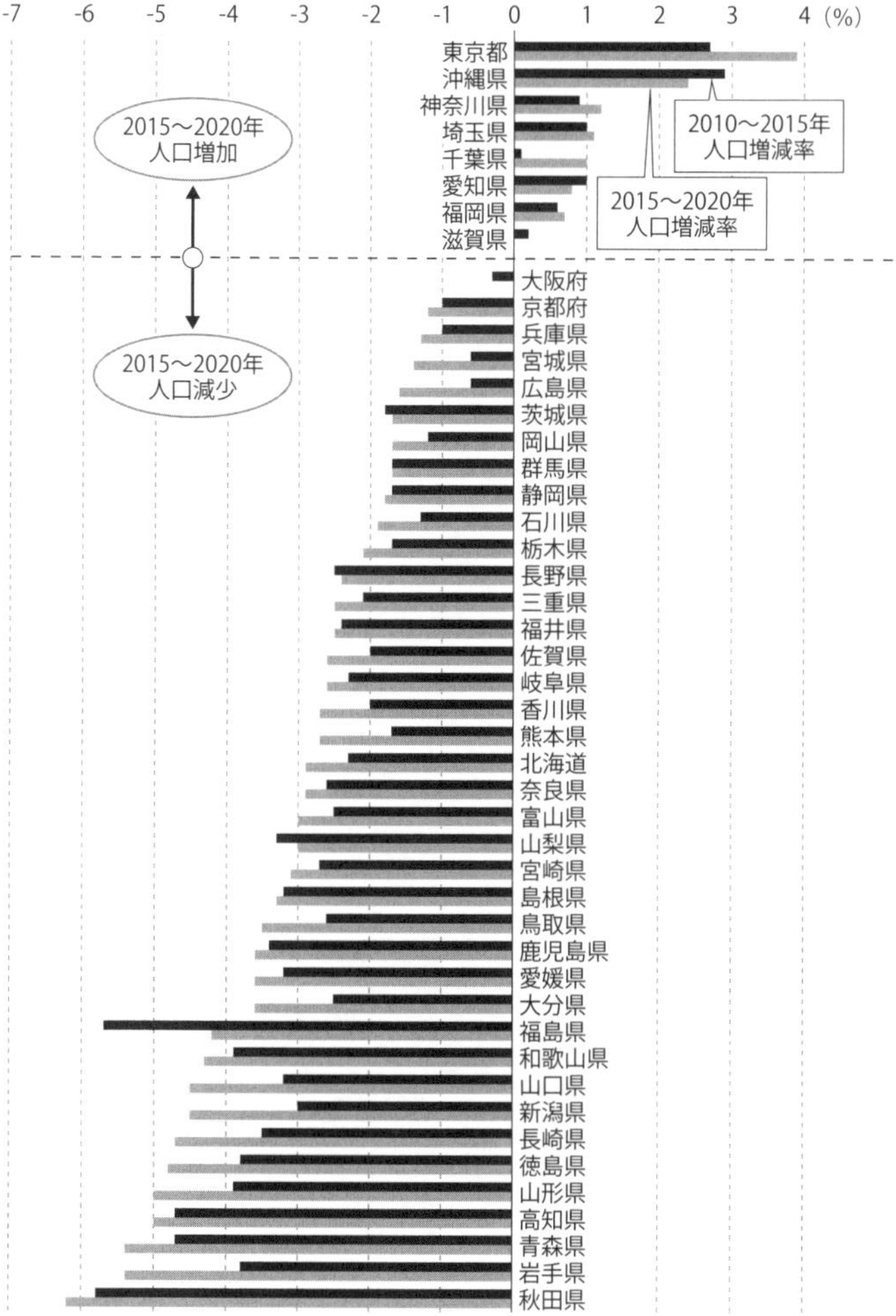

現状でさえ日本の置かれた国力に不安を感じざるを得ないが、その不安をさらに増長させるのが「2040年問題」である。前章で生産年齢人口の大幅な減少に言及したが、2020年から2040年までの20年間で約1300万人減少し、6200万人ほどになると予測されている。2040年には「団塊の世代」(1947～49年生まれ)及び「団塊ジュニア世代」(1971年～74年生まれ)がそれぞれ91～93歳、66～69歳と高齢者になる。その結果、日本の人口ピラミッドは上部が膨らんだ「棺桶型」になり、真ん中を占める「生産年齢人口」、そして下部の「年少人口」にかけてどんどん少なくなっていく。高齢化率が上昇していけば、1人の高齢者を支えるのに必要な現役世代の人数がますます増えていく。

さらに、認知症の高齢者は2025年には471万6000人に、また団塊ジュニア世代が65歳以上になる2040年には584万2000人に上ると推計されている(厚生労働省研究班)。高齢者の約15%、6・7人に1人という高い割合だ。この中には独り暮らしの高齢者も多く、行政によるサポートが行き届かない恐れがある。認知症と診断されるまでには至らない「軽度認知障害」については、2040年に612万8000人になると推計。認知症と軽度認知障害を合わせると、実に高齢者の3・3人に1人が認知機能に関わる症状を持つことになる。

これらの推計を基に考えると、行政サービスにおける需要と供給のバランスはどんどん崩れていくことになる。需要は行政サービスの利用者のこと。今以上に高齢化率が高まり、かつ高齢者の絶対数が増えていけば介護・医療費は増大し、行政サービス自体を維持することが難しくなる。セーフティーネットの希薄化で行政への依存度はさらに高まり、また高齢者に限らず理不尽なカスハラも増えていくだろう。自治体によっては、職員の名札から顔写真・所属・フルネームを外し、ひらがなの名字だけにするところも出てきた。利用者が写真を撮影してSNSに無断投稿したり、職員の個人情報をネットで検索したりする悪質な行為から職員を守るためだ。利用者と向き合う職員は、それだけ緊張感を持って業務に当たっているということが分かる。

一方、需要に対する供給はどうか。日本全体として生産年齢人口＝働き手が減少していくわけだが、地方はもっと厳しい状況になっていくだろう。当然、地方公務員だけが例外になるはずがなく、多くの自治体で職員数の減少に直面することになる。既に地方公務員試験の受験者数は年々減り続けており、既存の職員においても長期病休者が増加傾向にある。自治体職員が今後増えていくような要素は、残念ながら現時点では見当たらない。

「増え続けていく需要」に対して「減り続けていく供給」。このアンバランスを均衡させるには、1人あたりの生産性を上げる必要がある。具体的には、現在の業務や人員配置を見直す、手続き処理の業務を丸ごと外部に委託する（BPO＝ビジネス・プロセス・アウトソーシング）、AI・ロボティクス導入でデジタル化・システム標準化を進める等々、様々な施策を早急に実行していかなければならない。なんとなく意識しているだけでは意味がない。もはや待ったなしの現状を理解してほしい。

想定しないことが起こる災害大国

人口動態の変化などは今から予測がつけられる。むしろ問題なのは、想定外のこともたくさん起きるということだ。例えば、新型コロナウイルス感染症のパンデミックは誰も想像できなかった。人の移動が制限されて日常生活や日本経済が停滞し、累計死者数も6万9935人に上った（厚生労働省発表／2023年5月9日時点の最終データ）。

また、昨今の異常気象も相まって、毎年のように日本のどこかが豪雨災害に見舞われている。大地震も含めて「100年に一度」起こるような自然災害が、「10年に一度」くらいの短いスパンで頻発していると感じるのは私だけではないだろう。しかも、激甚化している。どこの市町村でどんな災害が起こるかは専門家でさえ予知できない。この30年ほどの間に起きた代表的な災害をあらためて列挙すると、実に多いことが分かる。

1993年7月　北海道南西沖地震
1995年1月　阪神・淡路大震災
2000年6月～9月　三宅島噴火（避難指示解除は2005年）
2004年10月　新潟県中越地震

２００７年７月　新潟県中越沖地震
２００８年６月　岩手・宮城内陸地震
２０１１年３月　東北地方太平洋沖地震（東日本大震災）
２０１４年９月　御嶽山噴火
２０１６年４月　熊本地震
２０１７年７月　九州北部豪雨
２０１８年７月　平成30年７月豪雨（西日本中心）
２０１８年９月　北海道胆振東部地震
２０１９年10月　台風19号
２０２０年７月　令和２年７月豪雨（熊本県球磨村ほか）
２０２４年１月　能登半島地震

「三宅島噴火」（全住民島外避難）以外の災害すべてで死者・不明者が出ており、日本はまさに災害大国といえる。ひとたび自然災害が起きてしまえば、復興までには数カ月、数年、数十年という長い年月を要する。自然災害では高齢の被災者が多いのも特徴で、多くの人が復興を見届けられないのは実に悲しいことだ。防災や災害時対応は、自治体に課せられた義務であり役割である。ただ、職員自身も被災者であることが多い。それでも避難誘導や情報収集・発信、災害廃棄物の処理、罹災証明書の交付、各種被災者支援策、復旧・復興に関わる業務などを担わなければならない。本当に頭の下がる思いである。

かつて大阪府では、当時の橋下徹知事が歳出削減のために府職員の給与や退職手当など人件費を大幅に削減するとともに、職員数を減らした時期があった。当時としてはその理屈は正しかったのかもしれない。しかし、業務の効率化を図れば平常時には回せるだろうが、災害などが起きると万全の対応ができなくなる。何よりも一時的に職員数を減らしたことで、現在30代後半という一番の働き手が少なくなっているという。

財政難に苦しむ自治体は全国にたくさんある。小さな行政志向で職員採用数をギリギリまで絞ったものの、コロナ禍では人員が不足してその弊害が如実に出てしまった。不測の事態に対するキャパシティーが極端に小さくなっているのが今の地方行政ではないかと想像している。災害が起きて周辺の自治体から応援に行くにしても、体力のないところから体力のないところに人を送り込まなければならない。ましてや南海トラフ地震や首都直下型地震などの巨大地震に見舞われたら、日本全体が疲弊してしまうだろう。ちなみに首都直下型地震が発災すると、避難所生活者は最大約460万人に達し、都内23区すべてで収容力不足になると予測されている（内閣府）。

地域に甚大な被害をもたらす自然災害によって、都市や市町村の消滅に拍車がかかる可能性もある。大きな被害を受けた地域が、また元通りに再生するのかどうかは大きな課題だ。例えば、東日本大震災による大津波被害を教訓として、海岸線沿いに高さ10メートル超の巨大防潮堤を数キロにわたって設置したところもある。「海が見えなくなった」と戸惑う住民もいるなど、賛否両論が渦巻いている。小手先の建築・土木では解決できないのが自然災害であり、観光をないがしろにする防潮堤の設置が果たして復興といえるのか、疑問を感じざるを得ない。

災害対応や行政の供給力、行政コストを考えると、やはりコンパクトシティー化は避けて通れないと思っている。もちろん、解決しなければならない課題はたくさんある。例えば、ハザードマップで危険性が指摘されているエリアに長年住み続けている人は少なくない。あるいは、限界集落にポツンと住んでいる高齢者もいる。「ここだけは大丈夫」「先祖代々の土地だから離れたくない」という住民に対して、安全な場所に移転してもらったり、行政サービスを提供し続けられないことを理解してもらったりできるのかどうか。実際に地震で広範囲が液状化した地域を元通りにできるのかといえば、どんなに予算を投じようとも難しい。また、能登半島地震でも見られたように、道路が寸断されて陸の孤島と化してしまうと支援の手を差し伸べるのに数日を要することもある。

どんな状況にあっても、自治体は最後まで住民の面倒を見なければならない。当然、個人の権利や人権があるので強制的に移転させることはできないが、その一方で、いつ発生するか分からない災害のために川の上流に巨大なダムを建設したり、巨大な堤防を造って海が見えなくしたりするのもナンセンスである。同じ土木・建設でも、災害時に住民の命を守り十分な支援やケアができるよう、山を切り崩して盤石な高台を造成して集約するという考え方もある。そうすることで役所との物理的な距離が近くなり、行政サービスを受けやすくなる。そこで生まれたコミュニティーが、その地域のセーフティーネットとしても機能する。もちろん、移転してもらうためには何らかのインセンティブは必要になるだろう。しかし、行政サービスの維持という観点で考えると、災害大国である日本、そして災害頻発時代においては、やはり全体最適化を考えていく必要があるということだ。

こうした大胆な施策を実行するには、自治体の首長に強力なリーダーシップが必要となるが、小さな自治体ではそもそも予算がない。今後の行政サービスの維持には効率化が不可欠だが、「共」の成立には住民側の理解も必要になっていく。現状、コストと労力がかかりすぎている行政サービスについては、住民の理解を得て見直していくことも重要である。

AIの進化で行政の仕事も変わる

これまでの30〜40年とこの先の20年で大きく異なるのは、ＡＩが登場して日進月歩で進化を遂げていることではないだろうか。既に現場の業務に生成ＡＩを活用している自治体もある。

手続き処理の仕事については、機械が代わりにやってくれる世界が目の前に来ている。そのため、人間がやることは「問いを立てる」「問題を特定する」ことに向いていくだろう。機械と互角に戦っても勝てるはずがない。行政に限らず、「人の働き方をどう考えていくのか」というのはすごく重要なテーマである。

生成ＡＩを使ってみて感じたのは、過去にやり取りしたことを検索しながらまとめていくことに長けているということだ。私たちのコンサルタント業務の半分ぐらいは、過去の情報を整理してお客様にインサイト（洞察、隠れた心理や本音）を提供すること。その部分に関しては、もはやＡＩでできてしまう。そこから先の「打ち手は何か」を考えるのが人間の仕事になっていくと考えている。ただ、それができる人とできない人とに分かれていくので、所得格差や情報格差、あるいは能力格差が広がるだろうし、向こう15～20年でより顕在化してくると思う。ＡＩは生産性向上に寄与する一方で、そうした社会に変わっていくとどうしても「弱者」を生んでしまう。そうした弱者を救うのが行政の義務であり、またどう救うのかを考える必要がある。

高齢化が進み、労働人口が減っていく。自治体も職員数が慢性的に不足する状況が続くとなれば、業務の生産性を上げていかなければならない。問題を特定して解決策の案を作って課題設定し、プロジェクトに移していく。こうしたプロジェクトの大半をＡＩが担ったり外部の人が担ったりするようになると、自治体の中に実行部隊がいなくなってしまう。そうではなく、この構造をむしろ逆転させて自治体には頭を使える人が残っていくようにしなければならない。

福祉の分野でも、今と逆の構造が求められている。高齢者の自宅を訪問するケアワーカーのような専門人材を低賃金で非常勤雇用し、自治体職員は契約・発注など事務手続きをしている。自治体職員に専門性が要らないからこそ、２～３年単位で異動する。こうした入れ替えが成り立つのは、自治体職員が手続き事務しかしていない証しである。プロセスのところだけを維持する業務が役所の仕事だとすると、そこには〝バリュー〟が見当たらない。

契約手続きが正しいかどうか、あるいは請求書をもらって契約書と請求書が合っているかどうかのチェックなんて、自治体職員がする必要はない。法律に従わなければならない部分もあるかもしれないが、今後はこうしたブルシット・ジョブ（Bullshit

Jobs＝どうでもいい仕事）はロボティクスや外部の専門業者に担ってもらい、行政内部にこそ、専門性が高くバリューを創造できる人材だけが残るような組織に変わらなければならない。

住民の相談や悩みに応えられる行政

セーフティーネットの希薄化によって、昔は地域に当たり前にあったようなコミュニケーションの必要性があらためて高まってくるだろう。行政にとっては医療や介護、相続問題、独居高齢者などへの対策がますます重要な仕事になり、住民の困りごとや悩みごとの相談に乗るコンシェルジュ的なサービスがより求められるようになる。ただでさえ地方自治体の業務量は増えているため、現状ではこうした役割に職員をなかなか割くことはできない。しかも、根気よくコミュニケーションができる能力や人柄が求められるほか、「役所内のあの部課に相談すればいい」という〝当たり〟が付けられるような知識や機転も必要とされる。住民の頼りになるこうしたサービスこそ、行政の唯一無二のバリューになっていくのではないかと思う。

冒頭で認知症高齢者の増加の話に触れたが、2024年5月に警察庁が初めて公表したデータには驚いた。それによると1〜3月に自宅で亡くなった65歳以上の独り暮らし高齢者は1万7034人に上ったという。これを年間ベースに換算すると、実に約6万8000人に達する。身寄りのない独居高齢者は今後急増していくと見られ、孤独・孤立の問題はさらに深刻化していくだろう。政府では、全国の自治体やNPOなどに相談窓口を設置するほか、金銭管理や介護保険などに関する手続き費用を一部負担するなど支援制度導入の検討を始めた。身寄りのない高齢者に対する支援はこれまで手薄だったことから、早期の制度導入が期待されている。

一方、既に独自に対策に乗り出している自治体もある。東京都豊島区では2021年に「豊島区終活あんしんセンター」を設置し、身の回りの整理・遺言・相続・葬儀など終末期の不安や悩みに関して無料で相談に乗っている。豊島区は東京23区の1つでありながら、高齢者の約35%が独り暮らしで、先行きに不安を感じる人が多いのだという。そのためこの窓口では、独り暮らしかどうかにかかわらず65歳以上の高齢者とその家族も対象にしているのが特徴的だ。この試みはまさにコンシェルジュサービスであり、行政だからこそ「プライバシーに配慮して相談に乗ってくれる」という安心感を利用者は持つことができる。

先日、婚活のリアルを伝えるテレビの報道番組を見たが、30代の男性が婚活相談所を運営する女性経営者に「相手に断られた理由が分かりますか？」「相手の話を聞くときの態度がなってない」などと厳しく指導されていた。それを見て、今の社会ではこういうことを率直に指摘してくれる人が必要とされているのだと実感した。ネットで誹謗中傷の口コミがすぐ投稿される時代だからこそ、「正論で叱ることができる能力」という価値が今後ますます高まっていくと思っている。

コミュニケーションを通じて住民に寄り添うことは、地方自治体の重要な仕事、メインの仕事の1つになっていくに違いない。この種の業務だけはＡＩによる代替が利かない。とすると、行政で働く人材も変わっていかざるを得ない。「親身になって相談に乗ってあげる」「時にはダメ出しをしてあげる」「解決策まで一緒に考えてあげる」といったことが自治体業務のバリューであり、それを実際にできるのがバリューを創造できる人材ということになる。

社会変化に応じて業務も人材も変わる

社会の変化によって行政に求められるものが変わり、そこから派生する仕事もいろいろと出てくると考えている。例えば、橋梁やトンネル、下水道管などの各種インフラ、公共施設などの箱物はどんどん老朽化が進むので、常に補修や建て替えが必要になる。ただ、中小規模の自治体では建て替える予算などない。壊れてから建て替えるよりも、定期的にチェックして補修する方がコストは圧倒的に抑えられる。そこでＩｏＴなどテクノロジーを駆使したチェックや予防策が必要とされ、そうしたサービスを提供する事業会社も増えていく。各自治体はこういった外部業者と連携して、限りある予算をうまく活用してインフラや公共施設の維持管理をしていくようになるだろう。

空き家も地方自治体にとっては大きな悩みの種になっており、このまま人口減少が進めば全国各地でますます空き家は増えていくだろう。実際、今年4月に発表された総務省「令和5年 住宅・土地統計調査」によると、わが国の総住宅数（数値はいずれも2023年10月1日現在）は2018年から4・2%（261万戸）増の6502万戸となった。ただ、このうち空き家は51万戸増の900万戸と過去最多となり、空き家率は過去最高の13・8%に上った。空き家数は1993年から2023年まで一貫して増加が続いており、この30年間で実に約2倍になっている。都道府県別に見ると、和歌山県と徳島県が21・2%と最も高い。また、「賃貸・売却用及び二次的住宅（別荘など）を除く空き家率」では鹿児島県が13・6%と最も高く、次いで高知県が12・9%、徳島県及び愛媛県が12・2%となっており、西日本で高い傾向となっている。

空き家のほか、地方では廃墟ビルやシャッター商店街も多く、昔にぎわっていた地域が今ではすっかり活気を失っているという光景が目立っている。

2040年に向けて露見している様々な社会問題に対応する自治体行政に関して、

総務省内では「自治体戦略2040構想研究会」を立ち上げて議論を重ねるなど、中央省庁や識者も危機感を募らせている。研究会の議論を要約した資料には、以下のような問題意識が記されている。

・2040年頃までの社会問題は「迫り来るわが国の内政上の危機」である
・2040年前後になると日本の総人口は毎年100万人近く減少していき、高齢者人口もピークを迎える（2042年に3935万人）
・その際には、住民生活に不可欠な行政サービスがどんな課題を抱えていくのか
・住み働き、新たな価値を生み出す場である都市などの自治体の多様性をどのように高めていくのか
・どのような行政経営改革、圏域マネジメントを行う必要があるのか

そして、「子育て・教育」「医療・介護」「インフラ・公共交通」「空間管理・防災」「労働力」「産業・テクノロジー」という分野ごとに2040年頃までに直面する課題を抽出し、考えられる対応策の検討を進めている。また、「新たな自治体行政の基本的考え方」

の1つとして「スマート自治体への転換」を取り上げている。そして、労働力不足に対応していくためにはAIやロボティクスなどの活用で事務作業を可能な限り自動処理化していく必要があるという。私が述べた通り、人でなくてもできる仕事はAIやロボティクスに任せ、人でなければできない仕事にこそ人の能力を振り向けていかなければならない。従来の半数の職員でもサービスレベルを落とさずに運営できる仕組みを早急に構築することが求められている。

2040年問題については「これをすれば解決できる」といった具体策をなかなか見つけられていないのが現状だ。大都市や政令指定都市なら関係ないのかというと、そうとも言い切れない。高齢化で独居老人が増えるのは、むしろ政令指定都市ではないかと思っている。例えば、その1つである札幌市では、冬になると高齢者が毎日のように除雪に追われているニュース報道を必ず目にする。雪の問題に限らず、高齢の親と離れて暮らす身内にとっては、一戸建てではなくマンションに住んでもらった方が安心できるという気持ちはよく理解できる。そう考えると、結局は高齢者も都市部に集まっていかざるを得なくなる。

多岐にわたる社会問題に対して、もはや1つの自治体では対応しきれない。そのため、複数の自治体がまとまって広域で対応する、あるいは都道府県が役割の一部を担うといったことも考えられる。間近に迫っている課題を危惧する自治体が増えてきているものの、日々の業務に追われてなかなか考えや行動が及んでいないのが実情である。

今の20代、30代が「希望ある未来」を創る

２０４０年というのは今から16年後のこと。そのときに定年を迎えるのは、現在49歳の職員ということになる。とすると、それよりも下の年代である20代〜30代の職員が、地域の10年後、20年後のあるべき姿を見据えて頑張らなければならないということだ。２０４０年に自治体が衰退あるいは消滅しないようにするためには、彼らに手続き処理の仕事をさせるのではなく、未来の変化に対応できるようクリエイティブな仕事を任せるべきである。若手職員にもそれを意識させてエンゲージメントを高め、

有能な人材の退職を食い止めなければならない。そのためには職員の評価手法や育成方法、ひいては組織運営そのものを変えていく必要があるだろう。未来を変えていくような環境づくりにGOサインを出すのは、今の幹部やリーダー層の役目である。

今後は働き方や行政のバリューは間違いなく変わっていく。社会の様々な変化や課題を悲観するのではなく、自治体にとって変革できるチャンスと捉えることもできる。例えば、Z世代を含めて最近の若年層は、物心のつく頃にはインターネットや携帯電話が当たり前にあった。その意味ではAIやDXに拒絶反応がない。SDGsやエシカル消費を通じた社会貢献に対する関心を持つ比率も他の世代より高いといわれている。発想を転換すれば、「不幸な未来」ではなく「希望ある未来」を描けるのではないか。

行政というのは、地域と住民の未来を創っていける仕事だと思っている。ある自治体の副市長の「10年後の未来を創るクリエイティブな仕事」という言葉は、私にとっても印象深かった。こうした幹部が在籍する自治体は、自分の自治体の将来に対して既に危機感を持っており、改革にも前向きである。

社会が大きく変化していくことに対して行政は無関係ではなく、むしろ〝当事者〟である。当事者として自分たちで考え抜いてアイデアを出してチャレンジし、新しいスタイルや価値を生み出していってほしい。地域特性や経年変化、住民のニーズを知り尽くしているのはその土地の自治体なのだから、ぜひ主体的に動いてほしいと願っている。

今の世の中には解決策があふれている。ネット検索すれば無数に出てくるし、解決するためのソリューションサービスの選択肢も多い。ただ、コモディティー化して価値が下がっているのも事実である。これに対してもっと上流に位置する「問題を定義する業務」こそ、意味のある仕事だと考えている。本来、自治体は「意味のある仕事」をするところであり、相対的に希少価値が高い。手続き処理の仕事から、問題を定義する課題解決型に比重を移していくことでさらに希少価値が高まり、生産性も上がっていくだろう。

昨今、地方を良くしていこうという風潮が高まってきており、地方に移住したいという若い世代も増えてきている。こうしたムーブメントを行政も一緒になってさらに大きくしていけば、その先に少し明るい未来が必ず見えてくる。

次章では、読者である自治体の皆さんが「自分ごと」と感じてもらえるよう、それぞれの〝足元〟を見ながら「関係性の変容」について考察していきたい。

第2章

未来予測Ⅱ——行政との「関係性」も変わる

様々な関係の変化が行政にどう影響するのか

地方行政を取り巻くムード・環境が前向きに？

社会の仕組みや有り様が大きく変わり、今後はその度合いはさらに増していくだろう。それに伴って、地方行政・地方自治体も様々な面で変わっていかなければならない——前章ではこう述べた。

昨今、地域住民からのクレームがなぜ増えてきたのか、なぜ役所が叩かれるのか。それは行政との様々な「関係性」が変容してきたからである。そこで、「世の中の変化や社会問題と自分たちの行政は強く結び付いている」という気づきを持ってもらえるよう、地方自治体に関わる読者の皆さんにとってもう少し身近な事象について言及していきたい。

１９５０年代半ば以降の高度経済成長期、そして１９８０年代後半のバブル景気において、働く世代はみんなお金を稼ぐということに対して貪欲だった。これに対して、昨今の若手の社会起業家は「地方を良くしたい」「貧困をなくしたい」「環境問題に取り組みたい」と、社会問題や環境問題、ＳＤＧｓに真摯に取り組む人が増えており、私はとてもいい傾向だと感じている。

地方行政というのは〝社会問題のデパート〟で、様々な課題に直面している。地域にとって最後の砦であり、真にセーフティーネットとしての役目を担っている。その意味で地方自治体における若手職員というのは、地域を良くしていく中心人物あるいは主役になっていくはずだ。いや、なっていかなければならない。既にそういう意識を持って就業している人も多いだろう。

一方、地域の起業家やスタートアップには、社会問題とテクノロジーをセットでソリューション提供しているケースが多い。多くの大企業もＳＤＧｓ達成に向けて社会問題や地方創生への取り組み、サステナビリティ経営を加速している。地方自治体が社会問題の解決に取り組んでいく上で、社会的なムードや環境は確実に盛り上がってきている。そのため、スタートアップや企業・団体、世論を巻き込んで同じ方向に向かって走ることができる絶好のタイミングだといえる。

民間企業と社会問題をシェアしながら新サービス提供

一般的に、役所というのはどんなイメージを持たれているのか。縦割り組織、受け身、窓口は平日だけ……。批判を恐れずに言うと、昔からマーケットイン的な発想がなく、消費者・ユーザーである地域住民に向き合ってこなかったのが役所である。しかし、このまま業務量が増えていくと、もはや自分たちだけでは賄いきれなくなる。そのため、近い将来は民間企業やＮＰＯ法人にサービスの一部を担ってもらい、連携や融合を積極的に進めるべきだと思う。

例えば、水道料金や国民健康保険料、税金といった行政への支払いを一本化し、利用者はスマホアプリで一覧を確認できるようなサービスがあってもいい。一元管理できるので利便性が格段に上がるだけでなく、自治体にとっても複数の担当部署にまたがる徴収業務を集約できるというメリットは大きい。サービスにかかる費用・経費については、個々の徴収にかかっている現状を精査すれば、一元化することでコストダウンできる可能性もある。また、サービス内容によっては複数の自治体が連携して広域化する、あるいは県単位で実施することで、サービス提供する企業はスケールメリットを享受でき、住民も追加負担をしなくて済む。

共助的なサービスを新たにつくっていく際は、思い切って民間企業の力を借りればいい。ユーザーエクスペリエンス（UX）を得意とする民間企業は地方にもたくさんあるだろうから、行政が相乗りさせてもらえばこれまでにない公共サービスを提供することができる。そして、こうした行政サービスをアプリに追加してアップデートしていけばいい。利用者が必要とする情報をプッシュ通知できるようにすれば、行政と利用者の間にいい意味でカジュアルな関係を築くことができ、行政がもっと身近な存在にもなる。行政と民間企業が社会問題をうまくシェアしながら公共サービスを担っていくような環境は、少しずつ整備されつつあると思う。

地域に根差して社会問題解決で先行する企業も

北海道全域で個人顧客を対象にサービス展開している企業を2つご紹介したい。1971年創業で札幌市に本社を置くセコマグループ（事業持株会社は株式会社セコマ）は、主力事業としてコンビニエンスストア「セイコーマート」を道内中心に直営とフランチャイズで店舗展開している。一般顧客を会員とする「セイコーマートクラブ」の会員数は567万人以上に上るという（2023年12月末時点）。人口の少ない地域や離島にも出店し、グループの総店舗数は約1200店舗。人口密度の低い北海道にあって、人口カバー率は実に99・8％。1日の買い物客数は約56万人を数えるというから驚く。

セコマグループは原料生産・調達から製造、物流、小売まですべて自社グループ内で行う「セコマ・サプライチェーン」を構築している。また、クラブ会員の購買POSデータを収集・分析し、新しい商品・サービスの開発につなげている。特筆すべきは、

「常連の高齢者が最近買い物に来なくなった」という情報が安否確認にも使えるということ。まさに行政における福祉サービスを民間企業が担っているわけだ。

もう1社は、同じく札幌市を拠点とする「生活協同組合コープさっぽろ」。道内に100以上の実店舗を構えるほか、北海道宅配シェア1位（2023年同社調べ）を誇る定期配送の宅配サービス「トドック」を通じて、安全・安心を追求した生鮮食品、北海道製造にこだわったプライベートブランド商品などを届けている。

ご承知だと思うが、利用者全員が出資して「組合員」となってサービスを利用するのが生協の仕組みである。コープさっぽろの加入時出資金は1000円以上と負担は軽い（脱退時に全額返金）。1人1000万円まで増資ができ、出資金額に応じて毎年特典がもらえる。現在の出資組合員は約200万人で、道内の81％以上の家庭が利用しているという。加入者一人ひとりが持ち寄るこの出資金を、商品づくりのほか、店舗・宅配事業、小売店舗がない過疎地や買い物困難な高齢者の多い地域を対象にした移動販売車の運営などに生かしている。

こうした食品を中心とした小売事業だけにとどまらず、地域の課題解決をサポートする様々なサービスも幅広く整えている。例えば、２０２１年からサービスを開始した「こまるとＣＯＯＰ」は、日常のちょっとした困りごとを解決する個人向け雑事代行サービス。また、料理が作れない人のための「夕食宅配サービス事業」は、高齢者の在宅支援と安否確認が目的だという。このほか、北欧の子育て方法を取り入れた保育園「アウリンコ」も運営している。ＤＸを推進して様々な業務改善に取り組む一方、福祉や子育て、環境など多岐にわたる分野で問題解決へと「つなぐ」事業など、直接的な会員サービスの向上だけでなく地域のサポートにも取り組んでいる。北海道という広域でサービス提供できるインフラができ上がっており、それを基盤にして加入者（住民）に寄り添った地域貢献活動を推進している。

過疎地も含めて広域できめ細かなサービスを提供していることに感服するとともに、こうした企業の姿勢を心から称賛したい。

スタートアップも参画できる仕組みづくりを

今では住民票などいくつかの証明書についてはコンビニでも取得できるが、利用箇所をスーパーマーケットやドラッグストアなどにも拡大できないだろうか。役所の窓口に行かなければできない手続きも多く、平日仕事をしている人は日中出向くことは難しい。そこで、知恵と技術を駆使して地域に根差した様々な事業活動をしている民間企業の力を借りることができれば、行政サービスにもっと気軽にアクセスできるようになる。福祉や子育て支援など行政では十分にカバーできない領域を、既に民間企業が担っている。行政がすべて自力で住民サービスを担うことが難しいのであれば、もっと民間企業に頼ってもいいし、もはや頼らざるを得ない状況になりつつある。行政サービスの向上につながるよう、ソリューション開発及び展開をしている民間企業との協業を進めるべきである。

「行政の仕事を支援したい」「行政と一緒に地域貢献する仕事をしたい」と考えてい

る民間企業やNPO法人、スタートアップは地方にもたくさんある。金融決済系やライドシェア、買い物代行、地方創生・地域おこし、事業承継、空き家問題、婚活ビジネスなど、様々なビジネスアイデアを募って業務を一緒に進めていけば、住民サービスの拡充や地域の魅力度アップ、行政側の業務量削減など多くのメリットを享受できるようになる。

特にまだまだ体力のないスタートアップにとっては、行政と仕事をすることで「事業の安定性」と「信用」が得られるので力強い支援策にもなる。ただ、行政とのビジネスルールは一般企業とは異なる。特に支払い関係だ。民間企業では「月末締め請求、翌月末あるいは翌々月末の支払い」が通例のルールだろう。

これに対して地方自治体から業務を請け負うと、年度始めの4月に業務請負契約をして翌年3月に仕事が終わると、その代金が支払われるのが4月なので丸々1年を要する。成果物の納品時期にもよるが、これが当たり前のこと。「金払いはいいが、支払いが遅い」と言われる所以である。

大企業ならいざ知らず、スタートアップにとって複数の社員が1年間稼働しても入金ゼロでは、潤沢な手元資金あるいはベンチャーキャピタルからの出資などがない限り、経営を続けていくことは難しい。せっかくの画期的な技術やビジネスモデルをそんな理由で生かせないのは、双方にとってもサービスを享受する地域住民にとっても不運でしかない。

これを解決するには、例えば両者の間に地元の金融機関が入ってファイナンス機能を担ってもらう、あるいはファクタリングによる資金調達を可能にするなど新たなスキームを設計する必要がある。最大のメリットは、支払い元であるクライアントが自治体なので売掛金の未回収リスクがないということ。行政と民間が対等のパートナーになっていくためにも、この利点を生かした仕組みを早急に検討・実現してもらいたい。

こうした施策をつくる場合、スタートアップ支援ということで産業振興などの部署が担当しがちである。私は自治体へのコンサルティングをしている関係で、スタートアップからもビジネスに関する相談を受けることも多い。既に行政との仕事を始めている企業の経営者は、やはり自治体の縦割り組織には苦労したという。そこで、小さな自治体では「ウェルビーイング課」を新たに組織してもらって窓口を一本化してもらったそうだ。1つの仕事が複数の管轄に分かれていては、スピード感をもって新しい施策を進めることはできない。民間企業と仕事を進める上では、トータルでコーディネートしてくれるような横断的な組織やプロジェクトチームの設置が役所の中に不可欠だと思う。

地域自治のあり方――祭りと防災は密接な関係がある

民間企業やNPO法人以外で、行政に代わって地域住民に自治を任せるというスタイルは日本では見られない。社会学者の宮台真司氏は「民主主義が機能する適切なサイズは上限3万人」と指摘しているが、ある程度小さいコミュニティーを形成して自治を行ってもらう方が可能性はあると私も考えている。お互いに顔が見えて名前と紐づけられるような範囲であればきちんとした議論が成り立ち、何かを決定する際に責任を持った行動をするにはこの程度のサイズが適している、というのが理由だという。

要するに、人の目があると変な言動はできないのが民主主義であり、主権たる住民が責任ある行動をするための必要単位であるということだ。「それには日本は単位のボリュームが大きくなり過ぎた」とも述べている。人口動態の変化という定量的な観点がとかく注目されがちだが、宮台氏のような社会学的な視点から行政の仕事を見ていくと、地域コミュニティーの希薄化、核家族化、孤独化が進んだことで行政の仕事量が否応なく増えてきたことがよく分かる。

ならば、もう一度地域ごとのコミュニティーをつくれないだろうかと私は思う。例えば、自治会の祭りや消防団など、地域の相互扶助・共助を取り戻すような仕掛けはすごく有効になる。「隣に住んでいるのがどんな人なのか知らない」という状況は都心のマンションではごく普通のことだが、地方でも徐々にだがそういった状況は以前よりも進んでいる。子供の学校つながりの関係だけでなく、自治会や町内会の祭りなら、年齢や職業、立場に関係なく地域の人同士の交流や協力関係が自然と生まれる。

近隣住民で声を掛け合える関係づくりはＢＣＰ（事業継続計画）、防災・減災対策にもなる。消防団と連携した自治会主体の安否確認訓練をしておけば、災害時には行政に支援を求めるより先に地域住民同士で助け合える。

実は「祭り」と「防災」には密接な関係がある。その好事例の1つが、秋田県男鹿半島周辺に伝わる「ナマハゲ」である。全国的にも有名な祭事で、2018年には「男鹿のナマハゲ」を含む8県10行事が「来訪神：仮面・仮装の神々」として国連教育科学文化機関（ユネスコ）の無形文化遺産に登録されている。

毎年大晦日の夜、各集落の青年たちが様々な面を被ってナマハゲに扮し、「泣く子はいねがー、親の言うごど聞がね子はいねがー」「ここの家の嫁は早起きするがー」などと大声で叫びながら地区の家々を巡っていく。ナマハゲというのは怠け心を戒め、無病息災・田畑の実り・山の幸・海の幸をもたらす来訪神のこと。ナマハゲを迎える家では昔から伝わる作法に従って料理や酒を準備して丁重にもてなすのだが、ナマハゲが座り込んで家長と会話するシーンをテレビ報道などで目にする機会は少ない。

ナマハゲは「ナマハゲ台帳」と呼ばれる冊子を懐から取り出すと、この1年間に調べ上げた家庭の事情などを家長に質問していく。子供のいる家、新しくお嫁さんが来た家の関係者などから事前に情報を集め、「ナマハゲ台帳」に書き留めておき、当日この台帳を基に問題点を指摘する。「神々は近くの真山から村を見下ろし、どの子が泣いたり親の言うことを聞かなかったりしたのか、どの村人が仕事を怠けているかなどを見ている」というわけだ。そしてナマハゲは家長に対して、「どんなに真実を隠そうとしてもすべてお見通し。生活を戒めなさい」と伝えるのだ。

この行事に隠された狙いが防災機能であることはあまり知られていない。「ナマハゲ」役になる若者たちは、消防団や自主防災組織に所属していて、災害時にはそのメンバーとして活動に取り組む。「ナマハゲ台帳」のメモは、災害時に支援が必要となるような住民の情報であり、コミュニティーの災害対策に役立つ有益な情報となる。つまり、コミュニティーの防災活動のための仕組みが祭事に組み込まれているというわけだ。昨今、特に都心であればプライバシー侵害やハラスメントなどと非難されそうだが、ナマハゲ台帳は「誰かをおとしめるためのネタ帳」ではなく、「地域みんなで助け合うための情報源」なのである。この仕組みが先輩から後輩へと代々受け継がれ、コミュニティーを支える若者の育成、あるいは地域に対するエンゲージメントにつながっている。地域にはお互いを見守ったり、時には叱ったりしてくれるような人が必要と述べたが、まさにその役割や機能がこの地域では長らく伝承されている。

地域の民度が公共を左右する

「ナマハゲ」のような伝統行事が残る地域を別にすれば、全国どの地域でも人と人との関係が希薄になってきていることは否めない。多くの人が日常生活でストレスを抱え、自分勝手、自分都合、わがままになっている。匿名性の高さを逆手に取り、ネット上では無責任な投稿で面識のない人たちを誹謗中傷する。行政に対するクレームやカスハラも多く、時には職員を自宅に呼びつけ長時間にわたって〝サンドバッグ〟状態にする人もいる。反論しようものなら、それもまたネットにさらされる。本来、自治体というのは「自治が積み上げられた結果としてつくられているもの」である。地域住民を含めてみんなの善意の塊でなければいけないはずなのに、役所はとかく目の敵にされがちで全く正反対の構図になってしまっている。

いつの時代も人として重要なのは、一人のときにこそ節度を持って良い行動ができるかどうかである。共につくる公のために、また大いなる共感をつくるために責任ある言動ができるかどうか。一人ひとりが建設的に社会にコミットし、自分なりに考えて行動する。そして当事者意識を持ち、自律した住民を巻き込んでいくことが「公共」を変えるということだ。いいコミュニティーを形成できれば民度も上がっていく。繰り返しになるが、憲法12条には「自由と権利を永遠に保障するが、自由というのは公共の福祉のために使うもの」と記されている。

地域住民にもある程度のボランティア精神が必要なのかもしれない。いきなり100点を目指す必要はなくて、例えばゴミ集積所が汚れていたら掃除するような配慮が少しあればいい。別にインセンティブやご褒美なんてなくても、一人ひとりが身の回りの一歩に気配りする「50センチ革命」を起こせたら、みんなが幸せで居心地のいいコミュニティーになるはずだ。そういう仕掛けをつくれないものかといつも考えている。

行政が地域の民度を押し上げるのはなかなか難しいし、できたとしても相当長い年月がかかる。その中で行政は何をするのかが大切である。多くの自治体では空き家を活用して移住促進をしているが、もしかすると外から流入してきた人たちが既存住民と交流することでコミュニティーが復活し、結果的に民度が上がるのかもしれない。コミュニティーをどうつくっていくかも、行政の大切な役割・課題になっていくと思っている。

この章で触れてきたように、民間企業やNPO法人、起業家、スタートアップは、自治体の業務サポートや住民サービスの向上につながるような事業基盤や技術を有している。また、大企業においては社会貢献やSDGsへの取り組みが企業価値・評価の指標の1つとなっている。一方、昨今の若い年代の人たちは社会問題に関心を持ち、地方創生支援に何らかの形で参加したいという人が一定数いる。いずれも自治体にとって頼もしい存在になりつつある。

同時に、地方自治に従事する人たちは社会や関係性、地域の民度などの変容を悲観するのではなく、自分たちの業務や存在、有り様、価値をいい方向に変えられるチャンスだと前向きに捉えてほしい。プロジェクトマネジャーを担うのは行政であり、「行動すべきは自分たちだ」とあらためて意識してほしい。近い将来、20代～30代の若手職員が地方行政改革や社会問題解決の中心人物になっていくのだから。

×モチベーション　○エンゲージメント

気づかれた読者もいると思うが、私はここまで「モチベーション」という言葉を一度も使ってこなかった。というのも、自治体や民間企業に関係なく、仕事をしている人たちはみんなプロフェッショナルであるべきだと思っているからだ。プロなのだからモチベーションがあって当たり前。組織の一員であれば常に目の前の仕事に懸命に取り組んで成果を出し、さらに質を高めていかなければならない。そもそもモチベーションというのは個人の気持ちややる気に左右されるものだ。給与を払っている雇用者からすればこれほど不確実なものはなく、本人の気持ち次第でパフォーマンスや仕事の質が変動したらたまったものではない。

仕事に対する原動力は、むしろ組織に対する帰属性、つまりエンゲージメントであるというのが私の持論である。少し硬い話になるが、エンゲージメントの語源はフランス語の「アンガージュマン」とされている。フランス人の哲学者・作家であるジャン=ポール・サルトルが、第2次世界大戦直後の混乱の時代の中で「政治・社会への参画」という意味で使っていたという。「人間は拘束されている範囲内で自由な存在だが、人間を条件づけているのは政治・社会といった世界全体である。だから、もっと責任を持ってその世界に働きかけ、選択の可能性を広げ、自己をますます解放しなければならない」と提唱した。ここでの重要なキーワードは「自由・行動・責任」である。人は「世の中で起こっていること」と「自分が考えていること」を切り離して考えがちだが、それは世の中に対して無関心なのが一因である。世の中で起こっていることや社会を「自分ごと」として捉え、社会に対してどういった対応やリアクション、行動がとれるのかが重要であるという。

もう1つ、『エルサレムのアイヒマン——悪の陳腐さについての報告』という書がある。何百万人ものユダヤ人を収容所へ送り込むのに指揮的役割を果たした元ナチス親衛隊の中佐アドルフ・アイヒマンに対する裁判を、政治哲学者であり思想家のハンナ・アーレントが傍聴記録としてまとめたものだ。アイヒマンは上官の命令に従って黙々と行動していたのだが、結局、裁判では「悪と言わざるを得ない」として死刑となった。ちなみにこの書はアーレント女史の「固定観念による記述」などと発行直後から様々な批判を受けた。

その議論は別にして、私がこの2つの引用から伝えたいのは、上から言われたことだけやるのは悪であり、誰もが当事者意識を持って自分なりに考えて行動する、つまり自律することが何よりも大切であるということだ。会社や組織にはミッション（Mission）、ビジョン（Vision）、バリュー（Value）があり、従業員はこのMVVに対して組織の一員としてコミットしていく。これが社会・会社・従業員がつながっていく上での大切な約束事であり、責任・共感・自負などすべてを含めたものがエンゲージメントではないだろうか。地方自治体の職員の人たちもこうした意識を強く持って市民を巻き込んでいくことが、最終的には公共を変えていくことになると思っている。

今後、行政は自らの役割をどう見直していけばいいのか、それを立案・推進していくために組織運営をどう変え、どのような人材を育てていけばいいのか。次章からは、山積する問題や課題に対する解決策について様々な側面から見ていきたい。

住みたい田舎ランキング「若者世代・単身者」部門で全国1位
「攻める自治体」兵庫県豊岡市の取り組みとは

様々な課題に直面している地方自治体。課題の中でも一部の大都市圏を除くほとんどの自治体が抱え、重大かつ自らの存続にも関わるのが人口減少問題である。既にそうした問題が顕在化している自治体は、何とか人口減少に歯止めをかけようと知恵を絞りながら対策に取り組んでいる。しかしその効果は限定的だったり短期的なものであることも多く、決定的な解決策は見いだせていないのが現状だ。

例えば「企業誘致による雇用創出」は多くの自治体が打ち出す施策の1つだが、大都市圏以上に少子高齢化が進み生産年齢人口が減少している地方都市では、適切な人材の確保ができない可能性もある。そのために企業が撤退することになれば、地域のダメージはより大きい。また観光資源を活用したインバウンド誘客により地域の活性化を期待する地域は多いが、外国人旅行者の文化の違いやオーバーツーリズムなどによって地元住民との間でトラブルが発生するなど課題も少なくない。

そんな中で、そうした深刻な人口減少問題を抱えながら独自の視点で要因分析し、論理的かつチャレンジングな目標を設定して課題解決に取り組む自治体がある。兵庫県の北部に位置し、志賀直哉の小説でも知られる城崎温泉を抱える豊岡市だ。２０２０年の国勢調査によれば豊岡市の人口は約7万５０００人。日本全体の人口は2008年にピークを迎え２０１１年以降13年連続で減少しているが、豊岡市で人口減少が進み始めたのはそれよりも早い２０００年ごろから。２０４０年には6万人を切り、２０６０年には4万人を割り込むと予測されている。

こうした状況に危機感を募らせた豊岡市は、最優先課題として人口減少の抑制に取り組み始めた。まず着手したのはその要因分析である。地方の中小都市の場合、規模や地勢が似通っていて、他に特殊な事情がなければ人口減少の大きな要因はほぼ共通である。
　一般的に高校卒業後の就職・進学期に転出が増え、専門学校や大学の卒業後の就職期に戻ってくるのが大きな傾向だが、多くの地方都市では10代の転出に比べ20代の転入が極端に少ないためにこの世代間では転出超過となってしまう。さらに未婚率も上がっていることから若い夫婦の数が減り、子供の数も減る。その少ない子供たちが進学や就職で街を出ていくという悪循環に陥ることになる。それが少子高齢化として顕在化し、生産年齢人口の減少につながっていくのである。

　豊岡市も例外ではない。そこで市は高校卒業時など10代の転出超過数に対する大学卒業後などの20代の転入超過数の割合「若者回復率」に注目。一度都会に出た10代・20代の若者がどれだけ豊岡に戻ってくるかを調査した。するとあらためて愕然とさせられる傾向が見えてきた。例えば２０１５年の若者回復率は、男性が52・2％に対し女性は26・7％。つまり、男性は概ね半数が豊岡に戻ってきているのに対し、女性は４人に１人しか戻ってきていないということになる。

そもそも若者が地方にとどまらないのは、その地域が大都市に比べて経済的・文化的魅力に乏しいからである。ただしそれは男女間で差が出る理由にはならない。であるならば、女性の回復率が低いのはなぜなのか。市が豊岡に戻らなかった女性らにヒアリングすると、就職しても女性の給与が低い、補助的な仕事しかできない、結婚・出産後の継続就労が難しいなど、女性ならではの働きにくさ、住みにくさが見えてきた。

当時市長だった中貝宗治氏は早速「ジェンダーギャップ対策室」を設置し、その解消に取り組んだ。男女格差解消の啓蒙活動や地域への働きかけだけでなく、民間企業にもアプローチした。「豊岡市ワークイノベーション表彰～あんしんカンパニー～」は、働きやすさや働きがいなどについて男女を問わず高い水準に達している企業を表彰する制度で、ジェンダーギャップ解消の切り口の1つになることを狙ったものである。

もともと中貝氏はコウノトリの野生復帰事業やインバウンド政策、演劇のまちづくりなど、地域創生に全力を注いできた。ジェンダーギャップ解消も含めたそうした長期的な視野に立った取り組みは、行政だけでなく企業や市民も巻き込む活動につながっている。中貝氏が示したMVVが、地域住民や地元企業・団体にも同じ温度感で伝わった結果と言えるだろう。住みたい田舎ランキング「若者世代・単身者」部門で全国1位となったのも、このことと無関係ではないはずだ。

ジェンダーギャップ解消は長期的な取り組みゆえ、若者回復率への直接的な効果を確認することは難しいが、改善の兆しは見えているという。ところが、ジェンダーギャップ解消をうたった条例を制定して、さらに強力に進めようとしていた矢先、中貝氏は2021年のコロナ禍真っ只中で行われた市長選で敗北する。新型コロナの感染拡大で多くの飲食店や観光事業者が大きな打撃を受ける中、有権者は地域の魅力を高めて住み続けたい街にするという長期的な目的のための施策の1つであるジェンダーギャップ解消よりも、今日明日の生活の支援を選んだ格好となった。

地方行政においては、現職首長が選挙で敗れるとそれまでの方針や施策が否定され大きく方向転換するケースも少なくない。豊岡市の場合、新市長はジェンダーギャップ対策室を存続させた。市の幹部職員によれば、今後もこれまでと変わらず男女格差解消には取り組んでいくという。市民に聞いても、ジェンダーギャップ解消の取り組みを否定する声はほとんど聞かれなかった。それは、中貝氏が打ち出した施策が単なる打ち上げ花火ではなく、文化として地域に受け入れられ根付いていることの証左と言える。

そもそもコウノトリ野生復帰事業を推進した際も、野生に返すことを目的としたのではなく「コウノトリも住めるまち」を目指したものだった。中貝氏はこの「も」が重要だと言う。コウノトリが野生で生きていくためにはエサとなる生き物が豊富でなければならず、当然、無農薬・減農薬、有機農業が不可欠である。そんな街は住民にとって「も」住み続けたい街であるはず。そうした中貝氏のコンセプト設定の秀逸さは、特筆すべき点の1つである。このことは、市役所内の組織を横断しないと取り組めないような施策も実施でき、さらに職員のみならず市民をも巻き込む活動につながっている。

COLUMN

近年、社会課題はより複雑になり、単一の団体や組織だけでは解決が困難になってきている。ましてや自治体ができることには限りがある。道半ばではあるものの、市民や企業がそれぞれの役割を持ちながら成果を出す、すなわち「コレクティブインパクト」への道筋が見えているという点で、他の自治体は行政と住民との関係性において豊岡市に見習うべきところは多いのではないだろうか。

第３章

改革の処方箋「組織・業務」編

経営戦略・経営視点が新しい文化・風土をつくる

「ハコモノ資本行政」から「人的資本行政」への経営改革

日本は今後さらに少子高齢化が進み、生産年齢人口は２０２０年の７５０９万人（実績値）から２０４０年には６２１３万人に、さらに２０７０年には４５３５万人にまで減少すると予測されている。かつて高度経済成長期には大量生産・大量消費によって経済成長を遂げたが、バブル崩壊後の失われた30年に象徴されるように日本経済は低迷し、賃金の伸び率・額ともに他の先進国の後塵を拝している。大きな賃上げが実施されたのはここ最近のことであり、しかも大企業に限られている。日本を下支えしているはずの中小企業では、賃上げの実現は容易ではない。好転する要素がなかなか見いだせていないところが国民全体をますます不安にさせている。

人材についても事業を拡大させたくても人の奪い合いで、企業側は常に人手不足に直面している。人手不足に悩むのは民間企業だけではない。多くの地方自治体では民間企業以上に人手不足が深刻化しており、行政サービスを維持していくことがいよいより難しい時代に差し掛かっている。

序章でも述べたが、国民所得と消費が右肩上がりだった高度経済成長期というのは、製造業では工場のラインに多くの人を配置して大量生産することが売り上げを最大化させる定石だった。そのため製造にかかる労務費は売上原価として、営業や販売などの人件費は損益計算書（PL）上の一般管理費に計上され、コスト＝資源として捉えられていた。人を管理・オペレーションするという発想である。終身雇用や年功序列を前提に、企業側は同質性の高い従業員をいかに囲い込むか、社員側はいかに会社に依存するかという、持ちつ持たれつの関係が長らく続いてきた。

20世紀型の「製造業が中心の産業経済」から、21世紀型の「サービス・知識ベースの経済」へと産業基盤の重点がシフトしてきたこともあって、人的資本の重要性がクローズアップされるようになった。これが昨今注目されている「人的資本経営」である。

人的資本経営は人材を「資本」と捉えるのが特徴で、貸借対照表（BS）上の左側「資産の部」の中の「無形固定資産」として位置づけている。ただ、あくまでも位置づけであって実際にBSに計上されるわけではない。ちなみに「無形固定資産」には、他には

●人的資本経営の考え方

作成：グラビス・アーキテクツ

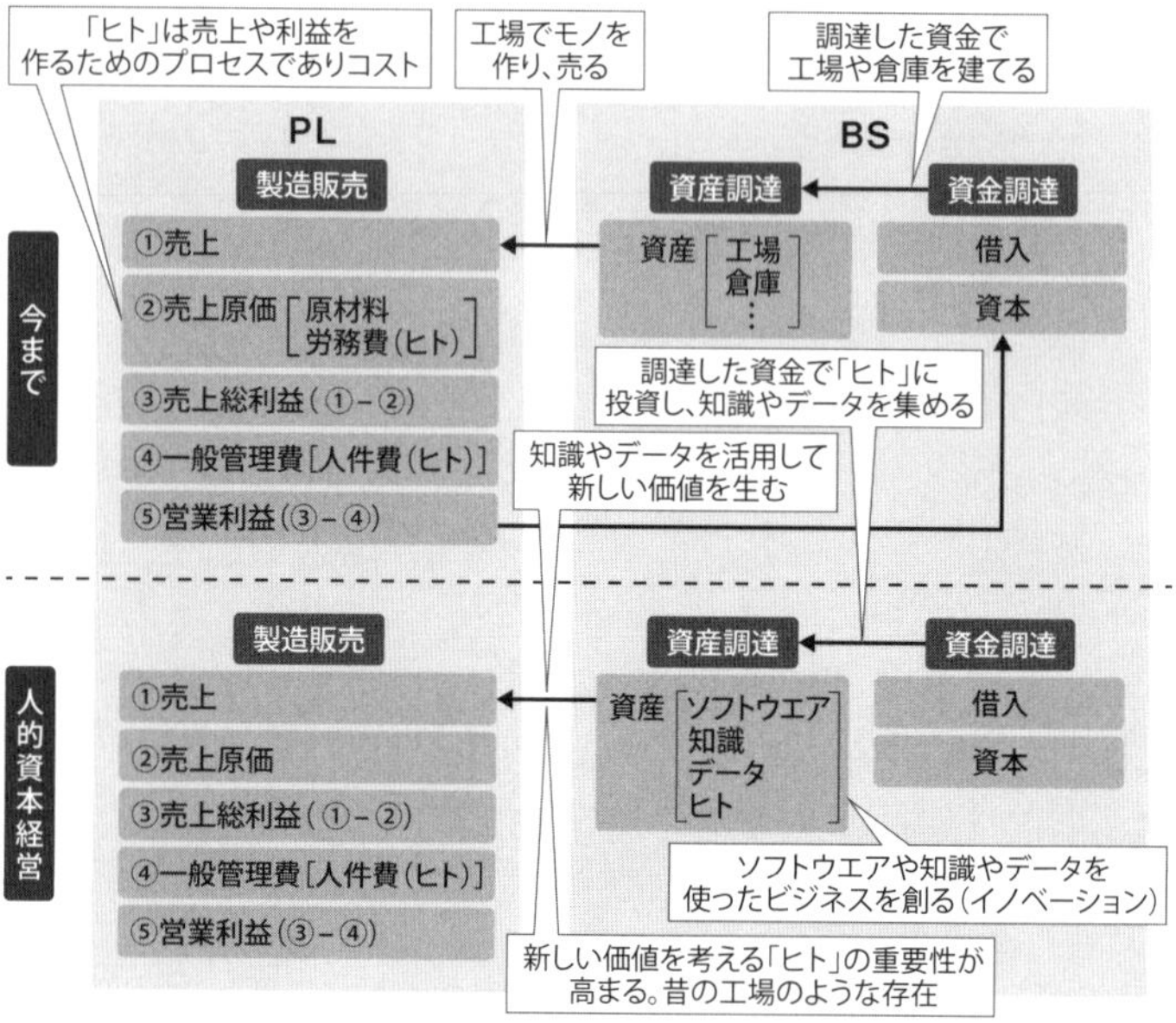

ソフトウエアや特許権、借地権、のれん代（営業権）などがある。つまり、個々の人材の価値を最大限に引き出し、持続的に企業価値の向上につなげていく大切な資産であるという考え方だ。ひと昔前の経営と異なるのは、経営戦略と人材戦略を連動させて実務に落とし込むという点だ。また、企業と個人はお互いに選び合い共に成長する関係になり、その結果、イノベーションが生まれやすい文化・風土につながっていく。

今後は行政も、人的資本経営ならぬ「人的資本行政」に取り組んでいかなければならない。製造ラインに労働者をあてがった高度経済成長期のように、かつての行政も長年同じことを繰り返してきた業務に人を配し、約3年ごとに次の人へと順繰りに引き継いでいくのが通例だった。

少子化が年々進行する日本では、特にこの10～20年間は優秀な人材の奪い合いになる。だから、人を増やそうと発想したところで、そう簡単には地方自治体には来てくれない。賃金を各自治体が独自に上げることはできないので、報酬面で優位性を出すこともできない。増え続ける行政の業務を増員で対応できなくなっていることから、「人を増やせないこと」「今より減ること」を前提に、様々な改革に知恵を絞っていかなければならない。「業務量が増えたら人を増やせばいい」という考えは即刻捨てるべきである。

現在の人員で行政の現場が回らないのであれば、「仕事量を減らす」「デジタルで効率化を図る」「外部委託する」などが思いつく。しかし、持続可能な公共サービスの維持・高度化を進めていくには、もっと根本的な見直しを図らなければならない。短絡的な発想ではなく、「もともと行政でやる仕事は何か」という基本に立ち返って職員のポジショニングを変えていく、そして職員の仕事を再定義することが必要である。職員の能力開発やエンゲージメント向上、組織文化の構築に取り組むことで、一人ひとりのスキルやパフォーマンスが上がる。そして個々の職員が自律・成長すれば、それに伴って自治体も変革していくという好循環が生まれるはずだ。何度も言うが、今このタイミングで取り掛からなければ行政サービスが滞る時代はすぐに来てしまう。

児童虐待死事件が突きつけた課題とは

自治体の業務量が増えてきていることはどの自治体でも職員自身が実感しているし、それはある程度避けられないものだということも理解している。では、外注すれば解決するのかといえば、もちろんそんな単純な話ではない。もっと手前にある「業務量が増えていることの本質や根本原因」をきちんと見極める必要がある。ただ、この見極め作業は当事者である職員たちではなかなかできない。今の業務を抽象化する術がなく、かつ長年の習慣や前提として受け入れてしまっているからだ。

「なぜこの業務をしているのか」「なぜこのやり方をしているのか」と問われても、「前任者から引き継いだから」となってしまって現状に対して疑うことをしない。こうした認識では「業務量が増えたから外注すればいい」という発想にしかならない。今の業務プロセスの川上まで戻り、「この業務は本当に職員がやらなければいけないものか」「他の自治体と一緒にできないか」といった分析をして初めて、「違うやり方にしよう」「デジタルに置き換える」「民間企業やNPO法人など外部に委託する」「地域に任せる」「この業務をやめる」といった仕分けをすることができる。表層だけを見て小手先の対症療法をするのでは意味がない。原点まで遡って、現状に至った要因がどこにあるのかを突き止めるべきである。

数年前、地方のとある市で当時2歳6カ月の女児が衰弱死するという痛ましい事件があり、母親とその交際相手の男が逮捕された。18歳で出産した母親はシングルマザーで生活保護を受けていたが、交際相手と同居を始めたのを機に生活保護の受け取りをやめた。その後、また別の交際男性と同居した頃から虐待が始まり、最終的には育児放棄から幼い子を死なせてしまった。もちろん逮捕された2人の責任は極めて重いが、母娘を救うチャンスはなかったのだろうか。

まず、母親自身が連れていった1歳6カ月の乳幼児健診で、女の子の極端な成長不良が明らかになっていた。また、生活保護の申請をして受給決定に至るまでの過程で、母親が困難な状況を抱えていることも把握されていた。しかし、後に交際男性と同居を始めたことで生活保護を受給しなくなり、生活保護の管轄から外れることになった。育児放棄で女の子が自宅に長時間置き去りにされた際には、近隣住民からの連絡で児童相談所の担当者が訪問したが、いつも不在で安否確認をできなかった。その翌月、亡くなる前月には警察も自宅を訪問している。

生活保護課、児童相談所、保育所、医療機関、警察などの関係者がそれぞれ異変を認識していたものの、情報共有されずに問題が見逃されていたことになる。後の検証報告書でも、「役所や警察などとの協働や連携ができておらず、市全体として他の部署が関わると自分の守備範囲から一歩引く傾向がある」「各機関が連携してもっと踏み込んだ支援をすべきだった」と指摘している。

これこそ縦割りの弊害である。生活保護から抜けられたのは行政としてはいいかもしれないが、実際にはその後に虐待が起きている。自分の管轄を外れたらその後の情報を追いかけられなくなり、「問題は解決した」という判断になってしまう。個人情報保護法があるため、現状では生活保護の審査会から承認を得なければ情報開示してもらえないようだ。しかし、もし母子に関する情報が一元管理されて関係機関で共有されていれば、もっと早く異変を察知できたかもしれない。もちろん、これまでの紙の書類を含めてあらゆる情報のデジタル化は不可欠であり、事前承認された特定の人たちに対してアクセス権を与えるなどの仕組みづくりも必要になるだろう。先に例示した市でも、検証結果を受けて改善を図っている。

組織間の連携や情報共有を

警察庁によると、児童虐待の摘発件数は2021年までの10年間で4倍以上に増えた。しかも、2021年に摘発された2174件のうち約50件で虐待死が報告されている。この数値は事件として摘発され、かつ虐待が原因と特定された虐待死の件数であり、実態はさらに多いと考えられている。また、児童相談所が令和4年度中に受けた虐待相談対応件数（こども家庭庁調べ）も22万件近くに上る。10年前の3倍以上、20年前の9倍以上となっており、早急な対応が求められている。

当事者間での解決が難しい児童虐待問題は、「周囲に頼る」「周囲が手を差し伸べる」ことが1つの有効な解決策となる。ただ、親子関係の実態は外からは見えづらく、また心理的に親子の問題を他人に相談しにくいことなどから、解決の糸口をつかめずにいる家庭も多い。そのため、比較的子育て世帯と接点の多い行政による虐待防止の取り組みが期待されている。

児童虐待事件ではいつも児童相談所の責任を追及するメディア報道や世論が多いが、それは本質を捉えていない。関係機関は家庭訪問や架電をするなど、それぞれ懸命に努力をしたと思う。しかし、縦割りだからこそ自分の管轄内・権限内でしか動くことができなかった。こうした事件を通じて、物事の川上まで遡って原因を突き詰めていく「問題解決型の思考プロセス」、そして組織間の連携・情報共有の重要性を再認識できたと思う。

ここで注意しなければならないのが、せっかくデータベース化しても、重要なのはその情報をどう読み取るかということ。人間の心理の問題になってしまうが、1人の職員が判断したものは他の同じようなタイプの職員も同じ判断をしてしまう可能性が高い。交通事故がよく発生する危険箇所では、多くの運転手が同じミスを犯してしまうのと同様である。それを避けるためには、第三者の視点と判断が必要になる。母子手帳、医療機関の健診、児童相談所の相談履歴、国民健康保険、保育所、ひとり親家庭など、住民1人に関する情報が蓄積されていくとより精度の高いデータベースになる。転入前の自治体からの引き継ぎ情報も非常に重要だが、これは国が音頭を取らなければならない課題である。その実現にはまだまだ時間を要するだろうが、各現場・各担当の現在の仕事を丁寧に見直していくことで、問題を発見して状況を改善していけると思っている。

自治体にも経営視点が不可欠

人的資本行政について先に触れたが、それ以前の問題として、職員自身が自律してスキルアップしていくためには自治体側に経営の視点が必要不可欠になる。自治体の首長は選挙で選ばれるが、「今の自治体内部をこう変えていきます」という公約を掲げる候補者をあまり見たことがない。期間の限られた選挙運動でそんなことを声高に訴えても、「私たち住民に直接メリットがない」「住民より自治体職員の方を優先するのか」となって有権者には全く響かないからだ。

しかし、行政サービスの質を上げて地域を良くしていくのは、紛れもなく自治体職員である。そもそも職員たちのエンゲージメントが高くなければ、行政サービスの向上は叶わない。「指示された業務だけこなしていればいい」という風土が自治体内に蔓延すれば、新たな住民サービスを立案して実行しようという意欲ある職員は出てこない。

自治体運営というのは真ん中に「戦略」があって、その周りにある「予算」「人」「業務プロセス」「学習」などをバランスよくトータルで回していく必要がある。核となる戦略があって初めて職員全員が同じ方向を目指せるのだから、行政運営とはまさしく経営するということだ。しかし、民間企業では当たり前にあるようなトップ直轄の経営企画室や経営戦略室といった部署を、中小規模の自治体で設けているところは少ない。人事部門や財政部門が権限を握っているところが多いのではないだろうか。現状から脱却して社会問題の解決に挑んでいくためには、経営改革や経営視点は欠かせない。それを担うのは首長である。

地方公共団体の長である都道府県知事や市区町村長の任期は4年。任期満了時の選挙では現職首長が再選する場合もあれば、別の当選者に交代する場合もある。時には任期満了まで待たずに辞職や失職するケースもある。民間企業でも経営者の交代はあるものの、基本的に経営理念などの社是が変わることはない。歴史ある企業であれば、企業文化・風土として全社的に深く浸透し、トップがいくら交代しようとも長期にわたって継承されている。

私は自治体においても「ミッション」「ビジョン」「バリュー」を明確に定義すべきだと考えている。

・ミッション――社会に対する「使命・役割・存在意義」。何（What）をなすべきか
・ビジョン――目指す「ありたい姿・将来像」。いつまでに（When）どこを（Where）目指すのか
・バリュー――大切にする「価値観・姿勢・行動指針」。どのように（How）行動するのか

大手企業であれば、どこもこうしたMVVを定めている。地方自治体においても首長が言語化してコミットし、内外に浸透させるべきだと私は考えている。ただ、選挙に強い首長がいい首長とは限らない。その場合に重要となるのが、ナンバー2である副市長クラス。長きにわたって自治体を見てきた幹部層が、いかにMVVに従って未来を見据えた取り組みができるか。その逆も然りで、改革に前向きな首長が着任しても、幹部層が自治体や地域の行く末に危機感を持っていなければ改革は遅々として進まない。

私は様々な自治体のコンサルティングをさせてもらっているが、初めて担当者と対面した際に「前向きかどうか、建設的かどうか、受け身っぽいのか、情熱があるのかどうか」などを見るようにしている。「国が言っているからやらなきゃいけない」といった言い訳から入る人は、絶対に改革できないと思っている。どんなに熱意のある市長が当選しても、幹部がそんな状態では組織全体を動かすことはできない。幹部層が愚痴ばかりでボヤいていたらその自治体は危ない。

実際、こうした自治体は〝アリバイづくり〟のために当社にコンサルティングの依頼をしてくることがある。依頼を受けて考え抜いた報告書を提出しても、内容について外から少しでも指摘が入ると私たちの責任にしかねない。それでも、私たちのような〝外圧〟の力は重要だと思っているし、内部の人たちの意識が変わるきっかけになるのであれば喜んで協力したいと考えている。

自治体の組織や業務が変わるために大切なのは、〝自分ごと〟として組織や地域を捉えているかどうか、「あるべき姿」を自分たちで考えようとしているかどうかである。企業も行政も「過去や自己を否定する」「現状維持に満足しない」「成功したら捨てる」

という覚悟や発想がなければ、組織は決して良くならない。自分たちの価値や存在意義をもう一度見直すことが必要で、それがあって初めて理念や方針を立てることができる。

かつて役所では「これやっといてね」と上司から言われたら、「はい、分かりました」と何の疑いもなく取り組んでいた。それはやり方が1種類しかなかったからだ。しかし、MVVが明確に決まっていて「何のためにこれをするのか」が理解できるようになれば、これまでのやり方以外に「こんなやり方もあるんじゃないか」といった柔軟な思考ができるようになる。複数の選択肢があって迷った際も、MVVを基本にすればそれに応じた選択をして、みんなが同じ方向を目指すことができる。何のために役所があるのか、何のために自分は働くのか、どのようにして喜ばれる住民サービスをつくるのか。これをきちんと言える人は仕事をしていても楽しいだろうし、やりがいを感じられるはずだ。

これを具現化できる組織として、私は古代ギリシアのパルテノン神殿をイメージしている。住民サービスという太い柱が何本も立っていて、その上に経営チームが大きな屋根として載っている。そこで決定した経営戦略に沿ってヒト・モノ・カネの資源を各柱に配分するとともに、逆にそのフィードバックとして様々な施策の妥当性や効果を測ってトップに報告するような構造になっている。柱ごとに展開しているサービスは横串にしてある程度統合することも必要である。

トップが決定した戦略を下に落としていくような組織づくりを実践している自治体も出てきているが、まだまだ少ないのが残念だ。ある部署がそうした改革の必要性を一生懸命訴えても、他の部署は「うちは関係ないだろう」となってしまう。内部から変わるのはかなり難しいだろうが、職員が楽しく仕事をしてやりがいを持てるような環境をつくることは、首長を含めて経営チームの責務である。

ＤＸはシステム論ではなく組織論である

２０４０年までに起こる社会の変容に対して、自治体はどのような組織に変わっていかなければならないのか。このテーマを語るには、「目的と手段を間違えないこと」が何より重要だ。抽象的な表現になってしまうので、理解してもらいやすいようにDXを例に解説したい。

現在、全国の地方公共団体は、各自治体で利用する基幹業務システムの標準化・共通化に取り組んでいる。この取り組みは人的・財政的な負担を軽減して、自治体の職員が住民への直接的なサービス提供や地域の実情を踏まえた企画立案業務などに注力できるようにするためのもの。同時に、オンライン申請等を全国に普及させるためのデジタル化の基盤を構築するのが狙いである。

システム標準化の対象となるのは20の業務。それらのデータを原則として2025年度末（2026年3月）までにガバメントクラウドに移行させることが全自治体に求められている。ガバメントクラウドとは政府が構築する大規模な情報システムのことで、全国の自治体からアクセスすることができる。自治体クラウドと異なり管理と運用は政府が担当し、セキュリティー対策も強固なものとなる。

増え続ける自然災害に対して、どの自治体もBCPに真剣に向き合うようになっている。データを政府のクラウドに移行・保存しておけば、たとえ災害で庁舎が機能不全に陥っても行政の機能が失われることはない。持続可能な行政という点で標準化は重要だ。そして、役所というのは単なる建物などのハコではなく、地域住民あるいは永続的な住民サービスにとって欠かせない〝存在〟であるとあらためて実感している。

この取り組みは「自治体ＤＸ」と呼ばれ、各自治体の担当者は期限に向けて日々作業に追われている。しかし、期限までに導入することが「ゴール」と勘違いしている向きもある。ＤＸというのはあくまでも手段であり、決して目的ではない。にもかかわらず、多くの自治体ではＤＸ化・標準化が目的化、固定化してしまっている。担当者たちは「導入して無事に稼働させる」ことで頭がいっぱいになっている。

さらに強調したいのは、ＤＸはシステム論ではなく組織論であるということだ。自治体運営の最上位にあるのはミッションであり、その下に複数の目的が紐づけられている。それらの目的を達成するために、それぞれツリー状に分解して手段に落としていく。その手段の1つがＤＸであり、デジタルは変革をもたらすツールに過ぎない。国の主導とはいえ、システム標準化・共通化を進めた先の「自治体の姿」、つまり「標準化はこの自治体にとって何がいいのか」「何のための標準化なのか」「標準化によってど

●自治体DXの本質

作成：グラビス・アーキテクツ

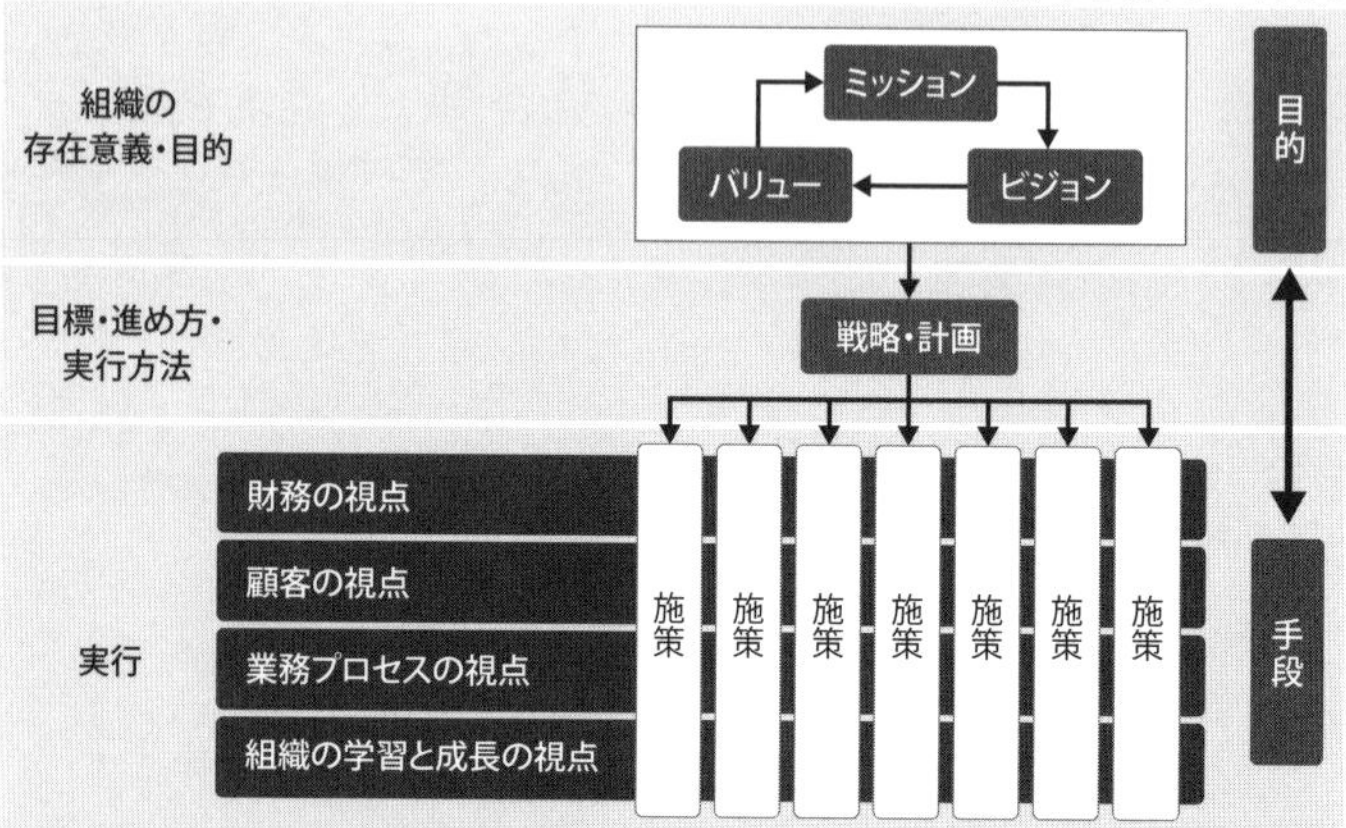

DXは単なるデジタル化ではない。自治体には経営目的が存在し、その目的を達成するためにデジタルを活用して手段である施策を行うことが自治体DXの本質である。したがって、個別の手段（施策：例えば標準化）は目的になり得ない。逆に目的なき手段は意味がない。

んな未来を描けるのか」というイメージを描いておかなければならない。

何のために標準化するのか。その一例を挙げれば「データの再利用性」の向上である。今回の標準化の対象となるのは、税関連や国民健康保険、住民基本台帳など。これまで別々に管理されていたデータが、個人に紐づけられた形で取得できるようになる。ただ、児童相談所のデータは標準化の対象外だ。こうしたデータこそ重要で、妊婦健診や乳幼児の健診、生活保護といった様々なデータと連動した個人情報を引っ張ることができなければ、守れるはずの子供たちの命を守れないし、ＳＯＳを出しているシングルファーザーやシングルマザーに支援の手を差し伸べることが難しくなる。

ある一部分、ある一分野だけの細切れのデータや縦割りの情報では、各地域特有の社会問題の解決にたどり着くことは難しい。ＤＸや標準化が独り歩きして、「デジタルありき」と誤解している自治体が多い。単純にデジタル化すれば地域が良くなるということでは全くない。①「あるべき姿と現状」のギャップから問題を見つけて、②原因を特定し、③それぞれ課題を設定し、④具体的なアクションを起こす――このサイクルを意識して回し続けていくことが本来の行政改革であり、組織の目的に近づくために③と④でデジタル技術を活用して自治体業務の効率化を図るべきである。「住みやすい地域にする」「住民に幸せになってもらう」など、自治体の本来の目的に常に立ち返って考えなければならない。自治体のミッションを実現するために組織をどう変革し、ヒト・モノ・カネをどのようなバランスで再分配していくかが重要である。目的のためにデジタルという手段を使う意義がここにある。

ＢＰＯに関しては、外部委託することの合理性を管理職自身が理解しているかどうかが重要になってくる。業務量が増えたのに人手が足りない。システム・デジタルなど専門性の高い業務も増えてきた。そこで外部委託を検討しようとしても、手続き処理型業務が当たり前の時代を過ごした上司からすれば、「楽をしたいからじゃないの?」という発想になってしまう。

こうならないためにも、現場の職員たちは「問題解決プロセスを頭の中で組み立て、この問題にはこんな課題があり、これらを解決するために外部委託する」といった論理展開やストーリーづくりができるようにならなければいけない。「楽をしたいから」「この分野はよく分からないから」「残業時間を減らすため」という発想は論外である。今の仕事を手段と考えると、本来の目的はもっと先にある。視点や視野をもう1段2段広げると、自分の中で問題解決のプロセスや課題解決のループが見えてくる。問題と原因を見つけて仮説を立て、具体的な業務改革に取り組むという習慣づけが、中間管理職にこそ必要かもしれない。

本章ではここまで、自治体における経営改革の必要性を説き、そのために取り組むべき課題や解決手法を提示してきたが、もちろん具体的に改革に取り組んでいる自治体もある。大阪府の四條畷市はその1つだ。市長と共に改革を推進した元副市長の林有理さんにお話を伺う機会があったので、ここでその一部を紹介する。林さんは株式会社リクルートで住宅メディア事業の営業や企画、編集などを経験された後、2017年に四條畷市と民間企業が連携して実施した全国公募により、四條畷市初の女性副市長に就任。2021年に任期満了で退任するまでの4年間、働き方改革や行財政改革、公共施設の再編などに取り組まれた。なおこれは、私が代表を務めるグラビスグループのウェブサイトに掲載している対談記事からの抜粋なので、そちらも参照していただきたい。

古見彰里×林・小野有理

元四條畷市副市長

「自治体版〝人的資本経営〟とは」

古見彰里（以下、古見）：現在は自治体とどのように関わっていらっしゃいますか。

林・小野有理（以下、林）：基本的には組織活性のアドバイザーです。例えば廃校や公園の再開発を、官民連携でどう進めるか、というプロジェクトのアドバイザリーなどもしています。あとは国交省で委員を務めています。

古見：２０４０年に向けて高齢者の絶対数のピークが来ますよね。団塊ジュニアの世代が65歳以上になる時期です。その人口のボリュームゾーンが高齢者になるタイミングで、福祉も含めて公共サービスの需要が増える。片や生産年齢人口の減少に伴い自治体の職員数も減少します。退職者も増えており、この10年で退職者が2・2倍になったという記事も出ていました。特に20代・30代が辞めていく。自治体にとっては、このギャップをどう埋めていくかがテーマだと思うのですが。

林：とある自治体の部長の皆さんに向けて研修を定期的に行っていますが、生き抜かなきゃいけないよね、と話しています。特に自治体職員の質は、市民の暮らしの質に直結します。これはコロナ対応のときに実感しました。フロントの職員含めて、全方位の職員の質を上げておかないと住民サービスは今後維持できません。

古見：公共サービスの需要の増加は定量的に見えない。供給維持の方法を考えると、もう少し、属性で分ける必要があります。職員の方がされることは、これまでとこれからでどう違うのか、という問題と公共サービス全体を職員だけでなく民間の人たちも含めて維持する仕組みをつくっていく問題と、そしてもう1つはＤＸです。ＤＸはよく話題になりますが、結局それをコントロールするのは人ですよね。

林：その3点をどう組み合わせて自分の地域に対応させるかが重要です。どこからスタートするか、トップが決めなければいけない。自治体は住民の声を受けて首長が4年ごとに代わります。私がフォーカスしていることは、自治体の職員・組織がそれをどう受け止めて担保するかです。首長は代わることを前提に、副首長以下が改革をどのようにつくるか。彼ら自身が経営ボードや幹部層をしっかりつくらなければいけないというのが私の持論です。

スキルは採用や育成、評価の仕組みで変えることができる

古見：手段の選択は、目的を考えた上で問題発見と問題解決ができないと難しい。現場の職員と接して感じる課題感はありますか？

林：中間管理職の上層部には、そのようなことを教えられていない方々がい

らっしゃり、また採用指標や評価項目も、ホスピタリティや、市民のクレームに対応するメンタルの強さでした。そういう方々を採用して国から通達が来る計画や、団体からの年に一度の要望を聞いて計画を作ることを、ずっと市役所でやってきた。

これから２０４０年やもっと先の時代に向けて、チャレンジスキルや本質的なものを探しに行く力、市民に紛れ込んで肌感や匂いを感じる力が求められます。そういう方々をどうやって採用し、評価するか。採用の評価点を変え、次のモデルとして評価することが今後必要です。

古見：職員の方の役割が変わる中で、四條畷市や今も行われている職員の方々に向けた取り組みを教えていただけますか。

林：大前提として、経営戦略として「市がどこを目指すか」が決まっていないと組織や人はつくれないと思っています。

四條畷は、市長がつくりたい世界もスピードも決まっていました。取り組みとしては大きく３つ。まずは幹部職員、部長級に対しては経営ボードという理念の定着をひたすらやりました。それまではトップダウンを受けとめることでしたが、市長が掲げたものを任期4年という範囲で、どう達成するか、という意識に改革することを進めました。一方、多様性の確保のため、若手等のボリューム層に企業経験者の採用を進め、その割合が2割を超えたあたりで雰囲気も変わりました。最後に、ミドルマネジメント層は負荷の軽減です。1年に1回、四條畷市のホームページでは、マネジャーが戦略に対する課題と、その課題に取り組んでくれる人を募集します。本来は自分たちでやらなければと思っていることに仲間を増やすことを仕組み化しました。

もう1つはエンゲージメントサーベイの導入です。各部署で業務内容は違いますし、フロントに出ている職員に対するマネジメントのやり方が分からないという状況に直面していました。マネジャーとして育てられていないのです。まず現状をどう把握するべきなのか、すべての部署でサーベイ調査を行い、そこに対して一定の部長級が育成やマネジメントに関与する仕組みをつくることで、ミドルマネジメント層の負荷の低減を進めました。

組織状況を可視化するダッシュボード化にも取り組みました。部長は従来、課長の報告を持ってトップに報告し、細かいことは課長から話します、としていました。我々は部長自身がマネジメント機能を持てるよう、残業時間や予算の執行状況、SNSのインプレッション数などを見える化しました。残業しているメンバーがいることも部長に委ねることができますから、課長の負担を減らすことができます。

古見：部長は、課長に報告させることが仕事じゃない。マネジメント層がリーダーシップを持って自分の言葉で語る。これだけで雰囲気が変わりますよね。

林：着任当時は市長や私からの「何がしたいんだ、ゴールは何で、いつまでに何をどうするんだ」という質問に対して「計画上こうだからです」という回答が多くありましたが、今ではバンバン改革案が出てきているようです。

経営戦略と人材戦略はイコール

古見：経営戦略として自治体のあり方、特に人事戦略をどう考えたのか、構造としてやられたことをあらためて教えてください。

林：市長が目指す世界観にコミットできる組織になることがベースだったので、経営戦略と人材戦略はイコールと考えていました。後から振り返ると、それが人的資本経営の根幹だったりします。そこを人事や幹部職員が受け止めて、「四條畷市人事戦略基本方針」を作ってくれました。退任後に出た戦略は、いわゆる定数管理的なものを超えて、どういう人材を育成して経営戦略に紐づけていくかが書かれていて、とてもいいものでした。

今、自治体の方向けに人材戦略と経営戦略の繋ぎ方のテクニカルな話をしています。人材戦略はある程度の手法がありますが、根幹の経営戦略が作られているかが肝です。今や総合計画自体を作るかどうかもトップが決めなきゃいけない。そして幹部職員がそれを一緒に作って初めて、組織の話になる。そこが意外とまだ連結されていませんね。

古見：経営戦略という考え方自体が、まだあまりないですよね。市民の人たちに対して平等にサービスを提供するのは必要だけれど、リソースが限られている。様々なサービスの中で、ここに力を入れます、とか、ここは我慢してくださいと伝えることも集中と選択、経営戦略の1つですね。優先順位をつけるには、ミッション・ビジョン・バリューに紐づけて政策を考えることが重要です。

林：例えば、私たちは人的リソースをどこに割くべきか洗い出すために、誰がどの業務に何時間費やしているか徹底的にヒアリングしました。3割ぐらいが、会議や府に対する答えの調書作成でしたが、その中に、団体事務、いわゆる補助金を出しているようなところの議事録作成や、各種団体のイベントの後片付けも含まれていて。私たちはそこを見直すことにしたんです。1つの団体が恩恵を受けるものではなく、誰もが必要とするものの仕組みをつくるために職員のリソースを割こうと。識者の先生方に入っていただき市民の皆さんに事業計画等をプレゼンしてもらいながら、1つずつ合意を取りながら進めて、整理しました。「1つの案件を整理します」だと合意が得づらいですが、「ここをつくりたいからこのために整理するんだ」という経営戦略ができれば、多くの時間とお金が生まれることが分かりました。

古見：産業革命以降、工場ラインの人たちの労務費は、製品原価に含まれる、という考え方でした。これが知識集約的価値に移っていくと、今度はBSの資産の中に、次の売上や付加価値に繋がる〝人の知恵〟が、計上されるべきだという考え方が、人的資本経営に必要なポイントだと考えています。コストを資産に変えるには、問題解決型・プロジェクトマネジメント型人材である必要があります。今やられていることは、ミドルやトップが、自分がどうした方がいいか、を言えるような職員を育てていくことが重要だ、と感じたのですがいかがですか。

林：提案が出ることとは、事業や成績にコミットしているということなので、まず、すごく良いこと。とはいえ単なる思いつきも市民の税金を使うことになる。思いつきプラスアルファ、必要性や戦略に乗っているかを理解する必要があります。その両輪を持った発言を促す仕組みが大事です。ただ、言ってみて、返してもらって教えてもらって初めて理解できることですから。ミドルはまず受けとめる、却下しない。レイヤーによって考え方が変わるとは思っています。

古見：個人が自律的に問題を発見して解決していく力を持ちながらも、トップはそれらの必要性を示す、この両輪が重要という話ですね。自治体がこれらを進めるには、特に副首長レベルの方の能力が問われると思っています。そういう方々に必要な考えを教えてもらえますか。

林：この1年ぐらい有志の副首長で人的資本経営を自治体に根差すための勉強会をやっています。皆さん個性豊かで、全然違うスタイルですが、1つ要素があるとすれば、ＣＨＲＯ（最高人事責任者）的な考え方を持てているか、かなと。副首長は経営戦略を実践に移す経営ボードとして、組織を手段として考える。語弊があるかもしれませんが、人と人の掛け合わせや、一個人が最大能力を苦しまずに発揮できるための仕組みをどうつくるかが大事だと思っています。

古見：2040年に向けて、行政サービスが需要過多の時代になる。行政はもう待ったなしで構えていかなきゃいけない。そこも人が中心になって変えていかなきゃいけないからこそ、これからの行政は経営戦略と人材戦略をセットで考えていくことに、すぐ取り組む必要があるということですね。

第4章

改革の処方箋「人」編

これからの自治体を担う「人」の育て方

下がり続ける地方公務員の人気

２０４０年に向けて増え続ける社会問題に対して、地方自治体はどう変わっていくべきか。前章では主に組織や業務について言及したが、この章では「人」にフォーカスしていく。なぜ「人」なのか。自治体は形ある商品を製造し、定価を付けて販売しているわけではない。行政サービスの質や価値というのは、住民に向き合う職員の対応や仕事への意欲・姿勢などに大きく左右される。自治体でも経営戦略や経営視点を組織全体に浸透させることの重要性を述べたが、職員たちの自律を促すような育成や評価制度、新たな取り組みに挑戦できるような仕組みや文化・風土づくりも不可欠である。特に若手職員のエンゲージメント向上は10～20年後の地域の活力や魅力につながるだけに、各自治体にとって優先順位の高い課題と言える。実際、こう語れるだけの根拠がある。

まず、地方公務員の人気を測る指標として「競争試験」の状況を見てみよう。総務省「令和4年度　地方公共団体の勤務条件等に関する調査結果」によると、令和4年度の「受験者数」は約43・9万人と、平成25年度から約15万人も減少している。それに対して合格者数は1万1000人も増えている。人手不足を解消する狙いもあって合格者はここ数年なだらかに増加傾向にあるが、それでも受験者の大幅な減少に伴って競争率は平成25年度の7・9倍から5・2倍へと大きく下がっている。

【受験者数】平成25年度／58・4万人↓平成30年度／47・0万人↓令和4年度／43・9万人

【合格者数】平成25年度／7・4万人↓平成30年度／8・1万人↓令和4年度／8・5万人

【競 争 率】平成25年度／7・9倍↓平成30年度／5・8倍↓令和4年度／5・2倍

この傾向は中途採用試験でも変わらない。令和4年度の受験者数は7万9927人と、令和2年度から1万8528人減少。逆に採用者数は令和2年度の8331人か

●競争試験の受験者数、合格者数及び競争率の推移

出所：「令和４年度 地方公共団体の勤務条件等に関する調査結果」

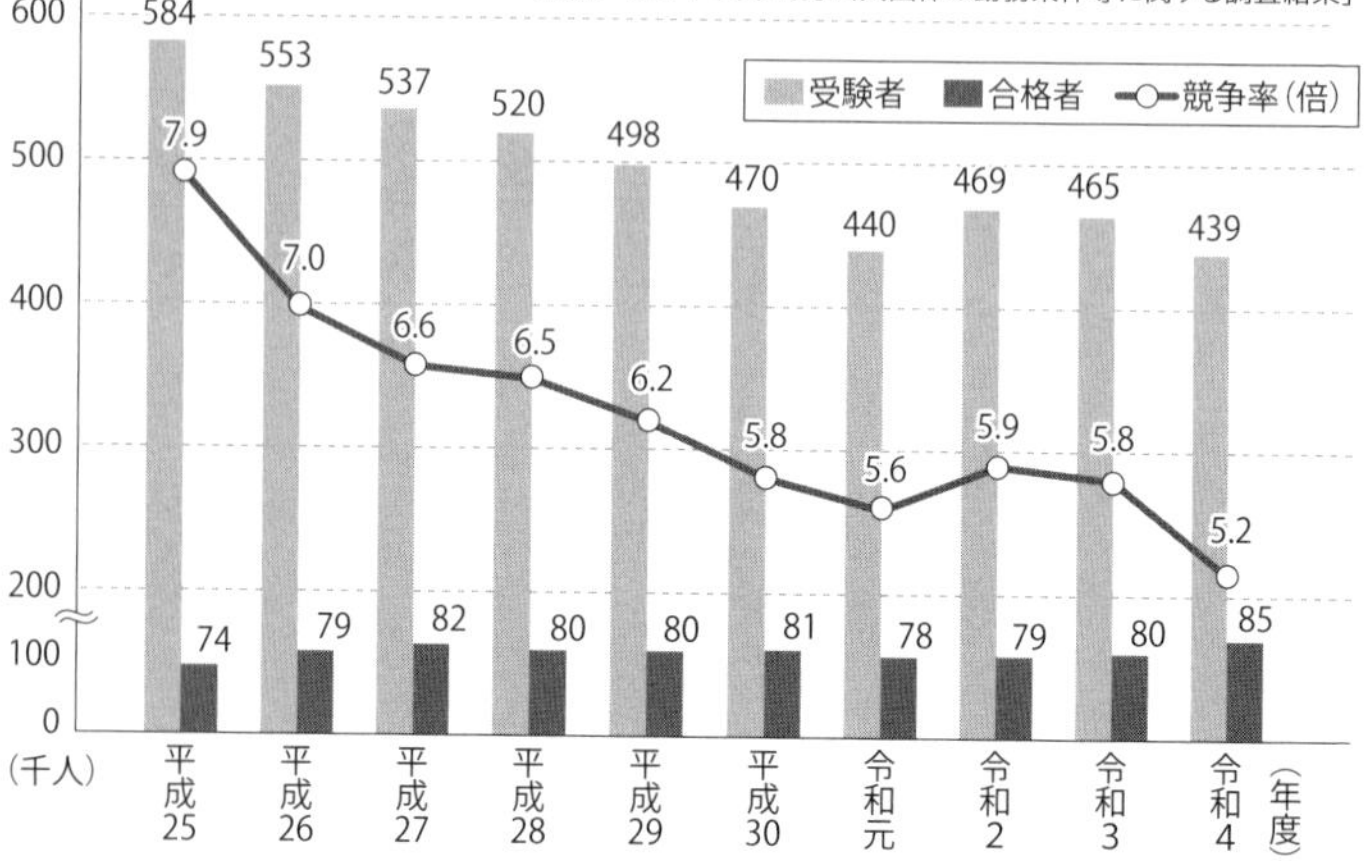

ら9174人へと増加したことで、採用倍率は11・8倍から8・7倍へと下がった。業務量増加による人手不足解消のために中途採用者も増加傾向にあるものの、受験者自体が減少傾向になっているのは、前述した「競争試験」と全く同じ構図である。

　受験者数が減っている要因は、民間企業との人材の奪い合いによるものなのか、あるいは公務員人気自体に陰りが見えてきたのかは分からない。ここで指摘しておきたいのは、増加する業務量に見合うように採用者数を増やしているのであれば、私がこれまで繰り返し言及してきた高度経済成長時代の「人件費をコス

●過去4年間の中途採用試験の実施団体数の推移　（単位：団体）

	団体数	令和元年度	令和２年度	令和３年度	令和４年度
都道府県	47	44	47	47	47
政令指定都市	20	20	20	20	20
市区町村	1,722	730	839	898	935
全体	1,789	794	906	965	1,002

●地方公務員の平均時間外勤務時間（月間）　（単位：時間）

	令和２年度	令和３年度	令和４年度
都道府県	13.3	14.5	14.7
政令指定都市	11.8	13.1	13.0
市区町村	9.9	11.3	11.4
全体	11.1	12.4	12.5

出所：「令和４年度 地方公共団体の勤務条件等に関する調査結果」

トとみなす経営」と同じことになってしまう。図らずもそれを証明したのが「過去4年間の中途採用試験の実施団体数」の推移である。特に「市区町村」の区分においては、令和元年度には730団体だったが年々増え続け、令和4年度には935団体に上った。全1722団体のうち約54％が中途採用を行っているのが実態だ。

地方公務員の残業時間も増加傾向にある。職員1人あたりの平均時間外勤務時間（月間）は、「都道府県」「政令指定都市」「市区町村」「全体」のすべてにおいて令和2年度から令和4年度にかけて増えていることが分かる。

若手・中間層の現状満足度は?

地方公務員を目指す若者が年々減ってきていることは、調査からも明らかになっている。では、既に自治体で日々頑張っている若手職員に対する対応がこのままでいいのかと言えば、もちろんそんなことはない。首長や幹部層が旧態依然とした考え方や組織のあり方、業務のやり方などを改めなければ、将来を担う若手職員のやる気は削がれ、退職を選択する人も出てくるだろう。

当社グラビス・アーキテクツでは、地方自治体を中心に「行政機関勤務者のエンゲージメントに関する調査(2024)」を2023年に続いて実施し、約1000人を対象に現在の仕事における満足度を調べた。「現状満足」(現在の組織で働いていることに満足している)、「継続就業意向」(今後も現在の組織で働き続けるつもりである)の2つの指標で総合満足度を調べたところ、地方公務員は民間企業より高い傾向があった。その中でも特に専門職（教育公務員、警察官）の満足度が他の職務よりも高い。

一般行政職員の満足度は前回調査と同様、民間企業と比べて高かった。年代別で見ると、前回は他の年代より相対的に低かった若手・中間層（25～34歳）の満足度に今回も大きな違いはなく、継続就業意向もベテラン層（55～64歳）の次に高い結果となった。

また、「昇進意欲」の有無について「意欲あり」と回答したのは全体では17％にとどまった。しかし、将来、行政業務の中心を担う「25～34歳」で「意欲あり」と回答したのは28％に上った。

一方、一般行政職員の若手・中間層（25～34歳）の総合満足度がどの項目と強く相関しているのかを分析した。「現状満足度」「継続就業意向度」に対して相関が高く、また満足度が高い項目は「事業やサービスが社会・地域に役に立っている」「職場の同僚を信頼している、良い仕事ができている」だった。逆に満足度が低い項目は、「リーダー／幹部層の魅力」「複数のキャリア選択が可能か」「MVV（ミッション・ビジョン・バリュー）への共感」「現在の処遇・報酬水準」となっている。言い換えれば、「魅力ある手本となるリーダーや幹部層がいない」「複数のキャリアを選択できない」「組織全体の目指すべき姿が見えない」「処遇・報酬に不満がある」ということだ。

行政機関勤務者のエンゲージメントに関する調査

（グラビス・アーキテクツ調べ）

●所属・職務区分別満足度

所属	職務	人数	現状満足	継続就業意向
行政	全体	949	3,328	3,560
	一般行政職員	544	3,259	3,524
	技能労務職員	68	3,324	3,603
	教育公務員	221	3,466	3,593
	警察官	40	3,450	3,725
	特定地方独立行政法人職員	3	3,333	4,000
	その他	73	3,356	3,575
民間		937	3,133	3,334

●所属・年代別満足度

地方公務員（一般行政職）	現状満足	継続就業意向
全体	3,259	3,524
16～24歳	3,250	2,625
25～34歳	3,310	3,595
35～44歳	3,364	3,500
45～54歳	3,123	3,494
55～64歳	3,234	3,620
65歳～	3,567	3,300

民間企業	現状満足	継続就業意向
全体	3,133	3,334
16～24歳	3,545	3,545
25～34歳	3,126	3,050
35～44歳	3,124	3,253
45～54歳	3,040	3,311
55～64歳	3,209	3,527
65歳～	3,333	3,515

●年代別　昇進意欲ありの割合

地方公務員（一般行政職）	昇進意欲あり
全体	17%
16～24歳	9%
25～34歳	28%
35～44歳	21%
45～54歳	20%
55～64歳	9%
65歳～	4%

民間企業	昇進意欲あり
全体	17%
16～24歳	25%
25～34歳	29%
35～44歳	19%
45～54歳	17%
55～64歳	14%
65歳～	4%

処遇・報酬面については、公務員は民間企業のように自由度がない。となると、いかに自治体独自のMVVを打ち出して職員に浸透させられるか、キャリアの選択を踏まえて将来にわたって働き続ける姿を魅力的に提示できるかが、組織を変革していく上で大きなヒントになるだろう。「組織が改善されない」「自分のキャリアが見えてこない」といった不安が、若手・中間層のやりがい低下につながっているとすると、職員の適性と志向を勘案した配置・育成を行うとともに、安心してキャリア形成ができるような仕組みづくりが急がれる。人材を資産と捉える「人的資本経営（行政）」の重要性と必要性を、この調査からも認識していただけたと思う。

熊本市でも職員満足度調査

また、当社は2023年に、熊本市と「エンゲージメントサーベイの実施及び人事施策検討に関する協定」を締結した。同7～8月に熊本市役所の職員を対象としたエンゲージメント（職員満足度）調査を行い、その結果を基に具体的な人事施策の検討も行った。本来、職員の実態が浮き彫りになるこうした調査を自治体は敬遠するものだが、熊本市長の理解もあって特定の自治体を対象とした調査としては初めての実施となった。その背景にあった熊本市の問題意識・危機意識というのは、主に「若手の離職・転職の増加」「新卒採用のエントリー数の減少」だった。これらを解決するための一歩として、全職員を対象にエンゲージメント調査を実施したというわけだ。

調査結果を総括すると、全体として満足度は良好な状態だった。ただ、「生活のことを考えると辞めにくい」という回答が多かった。職場の強みとして挙げたのは「上司・同僚」との良好な関係で、逆に改善点としては「人事制度」「キャリア・職務」「福利厚生・職場環境」だった。

「25～29歳」にフォーカスすると、「1年以内に成長の機会がなかった」と感じている職員が約16％に上った。また、キャリアモデルの存在から様々な面で影響を受ける年代であること、またキャリアモデルが少ないことで女性の昇進意欲が下がる年代であることも明らかになった。

この調査結果を受け、中長期視点での重要検討テーマとして次のような事柄を熊本市に提案した。「組織変革のサイクルを適切に回していくためには、MVVを前提に業務と人材のあり方を不断に見直していくことが重要になる。統合的なテーマとなるため、部門横断かつ市長・副市長直轄での組織（チーム）で検討することが望ましい」。

熊本市の調査結果は、先に紹介した「行政機関勤務者のエンゲージメントに関する調査」と共通する部分が多い。行政の資産である〝人＝職員〟がどうすれば生き生きと輝けるのか、組織をどう変革すれば質の高い行政サービスが提供できるのかなど、組織運営や人事制度、キャリアパスなど論点は多岐にわたる。施策によって時間軸は異なるが、総合的な方針を基にした施策の検討と実行が必要である。

要になるのはリーダーシップ

地方自治体の業務は、長年の慣習やマニュアルを優先させている部分が大きい。批判を恐れずに言えば、「決められた業務をきちんとこなしていれば、公務員人生を全うできる」という超安定志向、後ろ向きの人が多いのではないだろうか。「この業務は何のためにやるんだろう」と職員が疑問に感じても、昔からやっていることだからやるしかない。「なぜこんな効率の悪いやり方をやっているんだろう」と若手が生産性向上のために業務のやり方を変えようとしても、さらに上の管理職まで遡ってプレゼンした上で承認を得なければならない。それでも大抵は却下されてしまう。若手公務員の現状満足度が高いのは、上司を含めた人間関係や職場の雰囲気の良さにあるのは調査でも明らかになった。その一方で、職場内に「組織や業務を改善していこうという成長志向が足りない」ところに不安やもどかしさも感じている。

もっとも、若手が〝発言権〟を持つ、つまり上司に進言して意思決定ができるようになるまでには長いキャリアを重ねていかなければならない。例えば30代半ばにならないと意見を聞いてもらえない、通らないという状況はどの自治体にもあると思う。『地域を良くしたい』『社会貢献したい』と公務員になったが、実際に中に入るとしがらみがあって何もできない。むしろ外からの方が首長など上層部に直接提案ができるので、社会貢献できる度合いが大きい」。公務員を辞めて当社に転職してくる20代～30代の多くはこう吐露する。要するに、「自分の意見が通ってプロジェクトを動かせる年齢になるまで待てない」というわけだ。

こういった自治体の現状を打破するのに必要なのは中間管理職のリーダーシップである。チームが進むべき方向と方針を提示し、メンバーをまとめていく責務がある。しかし、そのように行動している中間管理職は果たしてどのくらいいるだろうか。彼らのリーダーシップが若手のエンゲージメントに大きく影響するだけに、これまで固定観念に縛られてきた価値観や意識、アナログなやり方を一から塗り替える教育が必要になってくる。

意識改革するにあたっては、「今の仕事の価値は何なのかを考える癖」を付けることが大切である。実際の現場では議会対応など形式的な業務も多く、生産性があまりに低い。それに費やしてきた時間に対して価値がどのくらいあったのかを考え、価値がなかったのであればその時間はムダだったということになる。ちなみに当社のようなコンサルティング業務では、こういうことを常に考える習慣が身に付いている。クライアントからいただくコンサルティング料金に対して、それに見合う以上の価値を提供できたかどうか。その価値を提供するために、自分たちは常に成長し続けなければならないと考えている。

これとは別の視点で、自治体における職員のエンゲージメントを考える際には、「終身雇用」という前提をどう捉えるかも、これからは大事になる。近年、「ジョブ型」といったワードに代表されるように、産業界全体では人材の流動性を高めることの重要性が言われている。産業における新陳代謝は必須であり、この点は非常に同意するものだが、一方で、行政においては違った視点も必要である。

人材の流動性が高い＝新陳代謝が激しい状態だと、どうしても組織も人も短い時間軸で物事を考えるようになってしまう。しかし、国や地域の政策を担う行政においては、10年20年といったスパンで物事を考えることも重要となる。そして、そのためには、個人単位で見ると「10年後も自分はここで働いている／働けている」という前提が必要になる。その前提が与えられているのが公務員＝終身雇用の良さと言える。現在の日本において、10～20年腰を落ち着けてキャリアを考え、そこで何をなしていくかを考えらえる環境・職場というのは非常に少ない。そういう「雇用の安心感」を持ちながら、地域や自身の将来を考えられるというメリットがあることも、今働いている職員や公務員を目指す方にはぜひ理解してほしい。

一方で、経営（マネジメント）側においては、人材の育て方についてはこれまでの踏襲では駄目であることも理解していただきたい。これまでは、様々な経験をさせながらマネジメント人材を育てる、いわゆる「メンバーシップ型」の人事が行われてきたが、それをベースとしながらも、より専門性を生かせる「ジョブ型」の要素を取り込んでいくことが必要と考えている。

長期間の雇用の保障を生かし、焦って短期的なスキル習得に走ることなく中長期でキャリアをつくっていく。ただし、そのキャリアについては多様化させていく。そういった人材マネジメントが今後、より重要になり、そのことが、エンゲージメントの向上の核になる。

人事評価で減点主義をとる管理職は多い。おそらく長きにわたってそれが許されてきたのだろう。減点主義の場合、部下はどうしても萎縮して「失敗しないように」「クレームが来ないように」という意識になってしまう。職員にとっての評価で大切なのは、最終的には住民からのリスペクトだと思う。困っている住民に対して親身になって相談に乗り、その問題や悩みが解消するまで根気よく対応した結果、住民に笑顔が戻った。これこそ自治体職員にしかできない損得抜きの行動であり、本人にとっても職員冥利に尽きるだろう。地域住民に向き合うという自治体本来の行動に対して、やはり加点評価してあげるような仕組みづくりが必要である。

業務改善や生産性向上、サービス向上などに対して新しく提案した人、自分の手が空いていたので隣の多忙な部署の窓口業務を手伝った人たちに対して、上司が評価するのはもちろん、職員同士で称え合う、月間・年間MVPをみんなで投票して決めるといったことがあってもいいと思う。民間企業のように賞与で評価給を付けるといったインセンティブを与えることはできないが、「誰かが見てくれている」「自分の行動は間違っていなかった」と本人が思えるような職場環境なら誰でもやりがいを感じられる。だから、管理職の人たちは職員が萎縮せず伸び伸びと仕事ができるような組織文化や風土に変えていってほしい。こうした雰囲気は隣の部署、さらにその隣の部署にも伝播していき、組織全体が明るく前向きになっていくと思う。

職員同士が褒め合う文化を根付かせてほしい

縦割りの垣根を超えて部署同士の連携やコミュニケーションが生まれると、自分たちだけでは思いつかなかったような改善・改革のヒントがひらめくことがある。それが結果的に住民サービスの向上につながれば、若手が望むような地域貢献にもなる。

地域住民からの共感や評価、感謝だけでなく、自治体内の職員同士が互いの行動を褒め合ったり、リスペクトし合ったりするようなカルチャーを根付かせられないものかと常々考えている。「エンゲージメントを高めよう」と言うと漠然としていて、何から手を着けていいか分からない。しかし、わずか〝半径数メートル以内〟の試みが職員たちのやる気を引き出すこともある。あまりお金はかからないし、現場の係長の裁量で明日からでも取り組める。繰り返しになるが、組織のパフォーマンスを上げるのは管理職のリーダーシップである。強い組織と弱い組織の違いはここにある。有名企業の取り組み事例を真似してもいい。

例えば、グローバルな医療用医薬品メーカーのイーライリリー・アンド・カンパニーでは、社員同士の「ありがとう」や「いいね」を簡単に送り合って共有できる「inspire」（インスパイア）」というプログラムを2016年4月から導入した。この「inspire」を使って、日頃の感謝や手伝ってもらったお礼のメッセージを他の社員に送ることができる。部署が異なっても職場全体で称賛し合うことで、組織の一体感を高めていくのが狙いだという。この取り組みを習慣として根付かせるために、各部署でSVC（Service Value Chain）アンバサダーを任命。その活躍もあって、スタートからわずか3カ月で2万3545通の「ありがとう」や「いいね」が送られたという。

Googleでも社員が仕事をしやすい環境づくりに取り組んでおり、有名なのが「20％ルール」と呼ばれる制度である。会社と社会を良くするような行動に、週1日もしくは月に4〜5日、自分の就業時間の20％を割いてもいいというものだ。エンジニアが好きなプログラムを書いて世界中に発信して評価が集まり、製品化されたケースもある。また、「Googleニュース」や「Gメール」もこの20％ルールから生まれたという。現在は許可制となっているようだが、自らの創造性を世界中に知らしめる場であり、同社のイノベーションの源泉にもなっている。

どちらも超大手の外資系企業の事例ではあるが、こうした取り組みは大いにヒントになる。隣の部署の業務を手伝うといってもその場限りの単純作業が多いし、双方の上司の許可も必要になるだろう。しかし、最近では他の部署との協力が必要な業務も増えていることから、こういうちょっとした行動が部門間のすき間を埋めていくきっかけになる。自分の部署や仕事からほんの少し引いて他の部署を眺めてみると視野が広がるし、気づきや学びが得られるかもしれない。自分の仕事を冷静に分析できるようになるかもしれない。部門間のコミュニケーションを通じて信頼関係を築いていけば、組織の一体感が育まれていくはずだ。

「こういう人材に育てたい」と明言できるか

「皆さんの組織ではどんな人材を育ててどう評価しているのか」という問いに対して、明確に答えられるだろうか。人材育成と評価はエンゲージメントに直結する重要な問題だが、残念ながら地方自治体の多くは人材を育てようという意識が弱い。直属の上司は「何とかしたい」と思っていても、組織全体として「こう育てたい」という意図がなく、人材育成が機能するようなポートフォリオとして何も定義づけられていない。

本書では繰り返し「手続き処理型から問題解決型に移行しなければならない」と述べてきた。百歩譲って「正確に手続き事務ができる人材を育てる」でもいい。しかし、それさえも明確にしていない。一人ひとりのキャリアプランがないので、入庁してきた新人を本人の希望とは全くかけ離れた部署に配属してしまう。どんな人材を採用してどこに配属し、どう育成していくかを具体的に示すためには、まずはどんな組織にしていくかという未来像を描けていることが前提になるのは言うまでもない。

若手を中心に職員が夢や希望を持てるような施策ができないものかと、これまで思案してきた。そこで当社では、自治体から若手職員の出向者を受け入れ、本業であるコンサルティング業務に就いてもらい、2年後に自治体に戻すという施策を始めようとしている。本人たちはクライアントである様々な自治体と接することで、自治体特有の問題点や改善点を客観的に見られるいい機会になる。自治体から相談された問題に対して解決策を提示する際には、組織のあり方や業務の効率・生産性、人材の育成・評価などを含めて、自治体や地域の将来を見通さなければならない。自治体の持続的な成長のためには、対症療法では解決しないことも実感するだろう。

当社でのこうした業務を通じて、結果的に自分の自治体や地域を客観的に見つめ直し、トータルで改善策・解決策を考えるための貴重な経験になるはずだ。出向者本人が「早く自治体に戻って業務改革や組織改革に取り組みたい」と言うぐらいに学びを身に付けてもらいたいと思っている。

一方で自治体の首長や幹部層は、「出向する2年間が5年後の新しい組織・業務・サービスにどうつながっていくのか」を見通しておく必要がある。そして「こう育ってほしいという意志・理念」と「人材活用の仕組みづくり」をセットで考えておかなければならない。というのも、スキルを身に付けて問題解決思考の人材が育ったとしても、自治体に復帰した際に手続き処理業務をさせるのでは意味がないからだ。出向者が自治体に戻れば、必ず組織や職場に変化や刺激をもたらしてくれる。だからこそ、経験やスキルを存分に生かせるような組織や環境であってほしい。出向者を送り出す部署にとっては人員減になるので、大抵の所属長は反対するだろう。そのためにも首長や幹部層は、人材戦略や人的資本行政について明確にコミットしておくことが必要となる。

例えば、職員を対象に社内提案制度を設けて、その事業案が承認されれば責任者にして運営を任せるなど、チャレンジできるような仕組みがあってもいいだろう。別に新規事業でなくても構わない。民間企業と連携して既存のサービスをもっと住民が使いやすいように進化させるなど、何かいいアイデアが出てくるかもしれない。民間企業や外部業者への出向によって人の流動性が高まると、柔軟な思考や視点が身に付く。普段から外部とのコミュニケーションを活発にしている職員には、生き生きとしている人が多いといつも実感している。

人材採用・登用には大胆な施策を

人材採用についても中長期的な視点が不可欠である。例えば、デジタル職に特化したキャリアパスを考えるのであれば、新卒だけでなく中途採用で専門人材を確保するという柔軟な考え方も出てくる。また現状では、一度退職して民間企業に転職した人が公務員に復帰するには、あらためて採用試験を受けなければならない。しかし、民間企業に転じて学んだ経験や知見は必ず行政の業務にも生きてくるはずだ。かつて在籍時に高い評価を受けていた人材であれば、前例にとらわれない別枠の採用方法を設けてもいいのではないか。実際、従来の制度を見直す自治体も最近では出てきているようだ。人材確保のために転職エージェントを活用する、あるいは今働いている自治体から他の自治体に転じることを可能にするなど、もっと人材の流動性を高める施策を導入できないか。

採用面接で「行政改革をしたい」と志望動機を熱心に語る人がいたら、面接官も古い価値観や硬直化した考えを捨てて真剣に耳を傾けてほしい。安定を望むような同質の人材ばかりでは、組織に変化や刺激は起きない。他の人と異なる発想や視点を持った人材こそ、未来を開くかもしれない。これまでにない大胆な改革をしなければ、優秀な人材を確保し続けることはできない。

各自治体の幹部層には「うちの自治体はこういう自治体なんです！」と胸を張って語れるようになってほしい。そうすれば、単に「公務員になりたい」と志望していた学生たちから、「あの市役所で働きたい」と指名されるぐらいの存在になるかもしれない。今いる職員にはどんな業務であっても、日々の仕事に意味を持たせてあげる、今の仕事の先にある意味を理解させてあげる、そして社会においてどういう価値があるのかを教えてあげる必要がある。「こういう問題解決ができるんだから、クリエイティブで素敵な仕事だよね」と伝えてあげてほしい。自治体の武器・強みでもある〝人〟への教育とケアは、必ず組織のパフォーマンス向上の原動力と推進力になるはずだ。

近い将来、ＡＩが手続き処理の業務を代行するようになると、残っていくのは主に横断的な問題解決になる。しかも、単一部署だけでなく、複数の部署にまたがるようなプロジェクトチームでの運営も増えていく。そして、それぞれのチームにプロジェクトマネジャーを配すといった、有機的で柔軟性のある組織運営や業務推進のスタイルになっていくだろう。基本的に年功序列は大きく崩れないだろうが、若手を積極的に登用するようにしてほしい。企画力がある、コミュニケーション能力がある、人の使い方に長けている、リーダーシップがある……。民間企業の社内ベンチャーのように若手にチームを動かすチャンスと経験を与えれば、組織全体の活性化につながる。そして、これまでなかったような業務運営スタイルや人材の登用に合わせて、新たな人事評価の仕組みも整備しておかなければならない。

組織としてのヒエラルキーを崩して、少しフラット化させることも必要だ。年功序列は悪い面ばかりではないが、若くても優秀な人がいるので、「メンバーシップ型」をベースとしながら「ジョブ型」の雇用形態があってもいい。問題解決型あるいはクリエイティブな仕事を希望して入庁してきても、蓋を開けてみれば手続き処理ばかりだったら未来を描けない。実際に若くして退職した人にこそ、優秀な人が多いのも事実である。

出向や研修などを通じて外部の民間企業との交流や関わりを持つことの重要性を伝えてきたが、こうした仕組みづくりや制度設計は、今後の人材育成やスキルアップ、業務改革になくてはならないものである。

元自治体職員の心の声

——地方自治体を定年ではなく退職した方々に、職員時代に感じた〝本音〟を聞いた

■イメージと現実とのギャップ

・学生時代から「人の役に立ちたい」と思っていたので、それをダイレクトに実感できる職業として公務員を志望した。しかし、希望していない外部の組織への配属だったのでやる気が出なかった。そのため、いかに仕事を早く終わらせるかしか考えず、業務に慣れてきた2年目になると担当業務を午前中には終えるようになった。一方で社会から隔絶されたように感じたので、学生時代の友人たちとお酒を飲みに行っては様々な情報を得るようにしていた。

・学生時代は公務員に対して「誇り高い」というイメージがあったが、「上の人たちは事なかれ主義」で、イメージと現実とのギャップは大きかった。

■住民からのクレーム

・住民が年々高齢化してクレーム件数は増えているし、その内容もひどくなっているので、メンタルをやられてしまう職員は多い。もう少しで定年という人が辞めていったのも見ている。本当に耐えられず、我慢の限界だったのだろう。

・職員は年々疲弊し、私が入庁した頃とは全体の雰囲気も変わってきていた。病気を患って休職している人や退職する人も増えている。

■やる気・エンゲージメント

・財政部門にいたときは人間関係で悩むことはなかった。人としていい人が多く、上司に指示されなくても自分で考えて行動するようなレベルの高い人たちばかりだった。データを駆使してPDCAを回す仕事でもあったので自分も成長できるし、やりがいがあった。

・入庁4年目に大きなプロジェクトを動かす部署に異動し、いい経験と学びになった。ただ、自分自身の専門的な知識の不足を実感し、もっと成長したいと民間企業への転職を決意した。意識や能力の高い若手職員は、結局は辞めていく印象がある。

・公務員の世界は年功序列であり、新たな案を提案してもインセンティブがあるわけではない。そのため、「おとなしくしていた方がいい」「リスクでしかない」「現状でも忙しいのに別の時間をつくって改善案を考えたところで実るかどうか分からないし、同調者も集めなければならない」と考えてしまう。「今のやり方が何十年も続いてきているのに、変えて何かいいことあるの？」といった後ろ向きの思考が定着している。

・どんなに優秀な職員でも、何かを改善・改革することにパワーを使うのではなく、「日々の業務をうまくこなしてマイナス評価が付かなければいい」という考えになっていく。

・住民からのクレームもあるが、感謝されることもあり、そこはやりがいの1つになっていた。

■業務・業務改革

・上司に業務改善に関する提案を根気よく説明しても通らなかった。組織の大多数の人は「特に変わらなくていい」と思っている。部下や若手のために汗をかこうという上司や先輩はいなかった。

・外部のコンサルタント会社と一緒に仕事をしてみて、市民や議会に対して「客観的データを示して説得力を付ける」という発想は自分たちの頭にはなかったことに気づいた。この手法によって改善点が明確になるし、物事を論理的に考えるきっかけになった。

・新規提案して実行する際、「自分の仕事が増える」という発想はなかった。むしろ「新しい世界が見える」「新たな環境が整う」という期待感の方が大きく、やる気が湧いた。

■キャリア形成への不安

・30代になっても、多くの人は将来のキャリアをなかなか見通せない。退職して何かができるわけではないので、公務員にしがみつくしかないという感覚になっている。結婚して守るべき家族ができると、余計にそういう気持ちになる人が多い。入庁して10年もたつと牙をもがれるというか、自然とそうなってしまう。

・向上心のある人は残念ながら多くなかった。公募制度もあったが、上司は優秀な部下を手放さない。だから、異動できなかった当の本人はやる気がどんどん下がっていく。

■マンパワーの過不足

・年中忙しいということはなかった。そのため、恒常的な人員増をするのではなく、繁忙時には一時的にヘルプを入れることで十分に対応できると思う。

・業務改革によって時間外労働が減ると、「じゃあ、他の部署と比べて時間外が少ないから職員1人減らして大丈夫だね」となってしまい、本末転倒である。

■縦割りの弊害とトップダウンの重要性

・具体的な業務改善策が進みかけていたのに、それまでの首長が任期満了による選挙で負けてしまった。首長が交代するたびに方針がガラリと変わるので、職員としては虚しさを感じる。民間企業のようにガバナンスが機能していないところが自治体の限界。2年間出向した地元の歴史ある企業では、ガバナンスや経営戦略がしっかりしているのを実感した。その企業では働き方改革を推進する部署に所属していたが、やはりトップが責任を背負ってコミットしていた。トップダウンの重要性を学んだし、そうした後ろ盾があるからこそ社員・職員は安心して動くことができる。

・DXを推進する部署にいたが、全然進んでいなかった。その理由は縦割り組織だったから。その後に出向した民間企業では、DX推進のために3つの部署による横断的な事務局が組織されていた。しかも、それに関する方針や戦略についてトップが社内外のメディアやツールで公表・説明し、組織全体の方向性となる〝旗〟を立てていた。組織や業務を大きく改革するには、首長や副首長クラスによるトップダウンが最も効果的だと感じた。

・首長は3～4年で交代したが、その多くはトップダウン型ではなく現場の意見に耳を傾けるというスタンスだった。そして副首長がうまく舵取りしてくれていたので、職員たちは非常に動きやすかった。
・上司の考え1つで業務のやりやすさが変わるのではなく、自治体全体が気持ちよく仕事できる環境・風土づくりが大切。

■人事評価と育成

・上司が前例踏襲ではなく改革やチャレンジに前向きの人だったので、情報システムの業務を中心に自由にやらせてもらった。新しい仕組みを私が提案して実行する際には、おそらく非難の嵐だったはず。しかし、私の上司は後ろ盾になって受け止めてくれただけでなく、幹部に直談判するなど道筋を整えてくれた。同じ部署の同僚やプロジェクトチームのメンバーも理解・応援してくれたが、こうした恵まれた環境は稀だと思う。そのため、私も部下の育成についてはそういうやり方に努めた。
・各部署の若手を集めて流動的にチームをつくり、リーダー格としての経験を積ませるような仕組みがあるといい。

■気づきとポジティブ思考

・役所の事務業務をひと通り担当する部署にいたが、伝票を切る数は多く、窓口業務ではクレームも相当あった。ただ、窓口業務しかない部署と異なり、様々な経験と学びができたのはよかった。

・他の自治体の職員と話すと、抱えている課題はどこも似たり寄ったりだと感じるし、「こんな悩みもあるんだ」という気づきもある。だから、自治体同士で交流や対話・議論が活発になるといい。横並びをすごく気にするので、1つの自治体が大きく変われば他の自治体にもいい連鎖が起きると期待したい。

・自治体を退職したのは、「自治体や地域を良くしていくにあたって外部からできることの方が大きいのではないか」という前向きなものだった。

・自治体職員の皆さんが今の場所にずっといたいと望むなら、変えるべきは自分だと思う。そうすることで上司や周りの人が認めてくれるし、自分を律することで周りにいい影響を与えられるはず。

第５章

地域に寄り添う〝主役〟として

高い志を持った〝行政〟は地域創生の要

自治体でも導入すべき「パーパス行政」

昨今、大企業を中心にパーパス経営を標榜する企業が増えている。パーパス経営とは、社会における自社の存在意義（パーパス）を明文化し、それに従って経営することである。「何のために自社は存在するのか」「社会にどんな貢献ができるのか」などを経営層と従業員が議論し、共感・共有することが重要であるとされている。海外企業が先行していたが、国内企業でも浸透が進んでいる。

パーパス経営のメリットはいくつかある。1つは「ブランディングの向上」である。存在意義が明確な状態で社会貢献を行うことで、顧客をはじめとするステークホルダーからの信頼度が高まり、企業価値の向上にもつながる。また、新卒・中途採用において優秀な人材の確保につながるほか、社員の自律性や自覚の徹底にも寄与する。企業の存在意義や方向性が明確になることで、社員一人ひとりがどのような行動をとればいいのかを自ら考えるようになるからだ。そして、社会貢献の一翼を担っていることを実感すれば、自分の業務に価値や誇り、自信を持つようになり、エンゲージメントも上がる。離職率が下がれば中長期的な観点で人材育成をしやすくなり、組織全体の生産性向上や活性化にもつながる。

パーパスとMVVはよく混同されがちだが、パーパスは最終的な目的であり、「なぜ存在するのか（Why）」という社会的な意味の強い概念である。そのパーパスを実現するために定めるのがMVVである。例えば、ソニーのパーパスは「クリエイティビティとテクノロジーの力で、世界を感動で満たす。」であり、アウトドアブランドのパタゴニアが掲げるパーパスは「私たちは、故郷である地球を救うためにビジネスを営む」である。いずれもパーパスはシンプルな言葉で言語化されている。

自治体でもこのパーパス経営ならぬ「パーパス行政」を導入・浸透させていくべきだと考えている。企業におけるパーパス経営のメリットは、自治体運営においてもそのまま当てはまる。「ブランディングの向上」という点においては、自治体の個性や特徴を明確にして行政サービスをブラッシュアップしていけば、主たるステークホルダーである地域住民からの信頼度は高まる。また、「うちの自治体はこういう自治体です！」と胸を張って語れるようになれば、「あの市役所で働きたい」と志願者がピンポイントで指名してくれるようになる。

そして「自律性と自覚」においては、自治体が掲げるパーパスとそれに紐づいたＭＶＶに従って職員たちは自ら問題点を発見し、原因を追及して課題を設定して行動するようになる。

企業がパーパス経営を導入する理由は、組織や従業員の多様化、ＳＤＧｓの目標達成、ＥＳＧ投資の広がり、投資家からの評価など様々である。将来の予測が困難なＶＵＣＡ（Volatility＝変動性、Uncertainty＝不確実性、Complexity＝複雑性、Ambiguity＝曖昧性）時代にあって、企業が生き残るためにあらゆる状況を想定した経営戦略や構造改革が求められるようになったことも大きく関係している。

自治体が直面する２０４０年問題もこれとまさに同じ状況ではないだろうか。日本の総人口及び生産年齢人口の減少、少子高齢化、高齢化率の上昇、孤独・孤立、セーフティーネットの希薄化など、行政を取り巻く環境の変化は実に多岐にわたる。今から予測可能な要素が多いのかもしれないが、豊富な資金力と人材を武器に機動的に動ける企業と異なり、行政は社会問題が大きく影響してくるだけに舵取りは容易ではない。

ましてや企業は市場や顧客のニーズ・需要の変化に合わせて新たな商品・サービスを次々と投入できるが、自治体ではそうはいかない。対象となる〝市場〟は無限ではなく、地域と住民は決まっている。つまり、自治体の管轄内でずっと責任を担っていかなければならない。

ただ、私は悲観的に捉える必要は全くないと考えている。不特定多数ではなく行政区域と地域住民が定まっているからこそ、その中で住民層やニーズの変化をじっくり見据えていくことができる。どうすれば人の流入を増やし、子供や高齢者が安心して暮らせる地域にできるのか、どうすれば魅力と個性あふれ住民から頼られる自治体にできるのか、どうすれば生産性が上がって住民サービス向上に資源を振り向けられるのか。２０４０年に向けて社会変化の予測が付いているからこそ、小手先の施策ではなく、有機的に問題解決に取り組んでいけると思っている。

パーパス浸透の鍵は中間管理職

一方で、興味深い調査結果がある。組織のトップがどれだけパーパスを繰り返して発信しても、組織の収益性向上には必ずしもつながらないというものだ。大きな組織においてはトップと社員の間にはかなりの距離感があるため、トップの言葉や考え方はどうしても伝わりにくく、現場の声もトップにはなかなか届きづらいことが理由のようだ。トップが提唱する〝お題目〟を、実は社員たちは冷めた目で見ているのかもしれない。

昨年来、世間を騒がせた大手中古車ディーラーの不正事件では、取引関係にあった大手損害保険会社も加担していた事実がつまびらかになり、損保会社の経営トップが引責辞任した。実は同社は2021年5月にパーパスを掲げて自社の社会的な存在意義を定め、社員と共有する取り組みを進めてきた。しかし、いくらパーパスやコンプライアンスを明文化して周知を図っても、各事業部の管理職や社員たちは利益を最優先して不正に走り、長年にわたって常習化していた。パーパスは非常にざっくりした言葉である。だからこそ、MVVも含めて社員の実際の行動にまで落とし込んでいく、そして実践してこそ意味を持つようになる。自動車メーカー、大学、芸能事務所など、有名な企業・組織の不正・不祥事は後を絶たない。大企業のホームページを見ると、どこもパーパスやMVVを明文化している。しかし、欧米企業の経営スタイルを真似て外見だけ着飾ってみても全く無意味である。

では、パーパス浸透の鍵を握るのは誰なのか。それは中間管理職である。トップの考えや組織の方向性をミドル層がきちんと理解・咀嚼し、その上でチームリーダーとしてメンバーに自分の言葉で伝えて共有することが重要である。ほとんどの自治体は大きな組織ではないので、首長・幹部層と職員たちの距離が近いところも少なくない。それでも、組織の中核を担うミドル層が部下の職員たちに直接伝えることで、部署に応じた行動や取り組みに落とし込むことができる。そして、職員一人ひとりが自分ごととして考えるようになる。もちろん、その前段階として首長・幹部層が自治体全体で議論してパーパスを設定し、それをミドル層にきちんと伝えて理解させることが不可欠である。この前提がなければ、ミドル層も行動できない。そう考えると、真っ先に意思決定と行動をしなければならないのは首長・幹部層であり、その役割と責任が自治体の未来を左右することを忘れてはならない。

高い倫理感や正義感が地域を良くする

今の時代は、かつて当たり前だったことが当たり前ではなくなってきている。常識だったものが非常識になり、またその逆もある。だからこそ、自分で善しあしや善悪を判断することが求められている。その際の判断基準や拠り処となるのが、自分自身の倫理観・正義感である。

公務員は公僕といわれてきた。「特定の国民に奉仕するのではなく、国民全体の奉仕者として公共の利益の増進に尽くさなければならない」と、国家公務員法にも地方公務員法にも規定されている。特に弱者を支える仕事なのだから高い倫理感を持つべきであり、新たに公務員になった若手職員もそうした意志の強い方が多い。
しかも、地域を良くするために日々業務に励んでいるのだから、エッセンシャルワーカーとしての矜持を高く持ち続けているはずだ。それ自体が価値のあることだと私は思っているし、行政に関わるすべての人たちも再認識してほしい。地域を良くすることは数字や経済合理性では測れない。公務員というのは身を粉にして働いても莫大な報酬がもらえるわけでもない。何十人抜きで出世できるわけでもない。だからこそ地域住民に寄り添い、人の心を動かすという感性が職員の皆さんを突き動かしていると思う。これればかりは数字では表せない希少な価値といえる。

時代が違っても仕事が異なっても現状を前提とせず、相対化・抽象化して物事を考えること、そして新しい道を切り開くことが大切である。そのために必要なのは広い視野であり、高い倫理感や正義感である。これを維持していくためには、歴史や哲学を含めたリベラルアーツを学ぶことも重要だと思っている。専門的な分野の知識を学習する以外に、画期的な物事の捉え方や考え方のベースになるような幅広い教養を磨くことが、様々な意思決定や問題解決につながっていく。リベラルアーツが「より自由な思考や生き方の実現に向けた、総合的人間力を養う基礎学問」とされる所以なのかもしれない。

明治初期の政治家、武士であった大久保利通（1830〜1878）は、薩長同盟を成立させて倒幕、王政復古のクーデターを起こした。明治新政府では中央集権体制の確立に尽力し、初代内務卿として中核を担った人物である。暗殺によって非業の最期を遂げただけに、様々な人物評があるのはもちろん承知している。それでも私が注目したいのは、欧米視察で目の当たりにした産業革命に刺激を受け、帰国後に「日本を近代化する」という高い志と目標を掲げて殖産興業を進めたことだ。富岡製糸場など官営工場の設立に奔走し、工業製品の大量生産・海外輸出による富国強兵策を推進した。「こういう方向性でやっていこう」と先々を見通したロードマップを作成したのはまさに大久保利通であり、他の人物ではなし得なかった。時代の主導権を握るリーダーとしての自覚と実行力には大いに感服する。

自らの仕事を振り返って疑問視する

「地域の困っている人を助けたい、寄り添いたい」という倫理観・正義感を右脳とすれば、左脳に問題解決力・課題突破能力が備われば、行政を担う人たちにとって強力な武器になる。民間企業で働く人が、給料の高い業界他社からヘッドハンティングされたとしても、その会社の経営理念や経営手法に納得できなければ多くの人は転職を思いとどまるだろう。逆に、今在籍している会社の経営者の考え方や理念に共感し、「この人のために働きたい」「この会社を通じて社会貢献したい」という思いが強ければ、今の仕事に意味や価値を見いだすことができる。

「今回はいい仕事をした」と満足感ややりがいを感じるのは、手続き処理の業務ではない。決まったことをベルトコンベアのように対応するのではなく、社会や地域の困りごとを積極的に見つけ、それらを解決することに喜びを感じる方が素晴らしいし、本当に魅力や価値のある仕事だと思う。例えば、生活保護の申請にやってきた人と向き合って、「なぜ生活保護を受けなければならなくなったのか」「生活保護の支給が決まったとしても、その状況からどうすれば抜け出せるのか」「将来的にまた生活困窮に陥らないように社会復帰するには何をしてあげればいいのか」と、先々まで思い巡らせてほしい。「生活保護の支給手続きが終わったから責任を全うした。自分の責任はここまで」と思うのではなく、「自分はこの人に対して最後まで仕事をしたんだろうか」「きちんと寄り添えたかどうか、親身に向き合ったかどうか」と自らの仕事を疑問視してほしい。

手続き処理が「アウトプット」とすると、それによって起こること、自分は何のためにやっているのか、自分はちゃんとやったのかという「アウトカム」まで見届けることが、価値創造につながっていく。マニュアルに基づいた対応ではなく、当事者として主体的に考えて正しく構造化してみると、本当に解決しなければならない問題点を特定しやすくなる。

もちろん、それは私たちコンサルティングの仕事も例外ではなく、いつもこの思いで一つひとつ丁寧に仕事に臨んでいる。当社では業務における心がけや行動指針を10箇条にまとめており、私たちはこれをマインドセットとして日々活動している。以下は自治体の皆さんに向けてアレンジしたものだが、幹部層・中間管理職・職員にかかわらず日々の業務や今後の行動に際してぜひ参考にしてほしい。行政に関わるすべての人たちへのメッセージだと思っていただければ幸いである。

【自治体パーソンに送るマインド10箇条】

（1）社会の問題を解決する。その当事者として何事にも主体的に臨む。
（2）結果を重んじ、謙虚に向かい合うこと。
（3）顧客第一主義。自らの顧客の定義と提供価値の最大化。
（4）正しく考え、ストレートに伝える。
（5）尊重と協調。
（6）価値創造思考。その時間にその仕事にどんな価値があったか。
（7）尽きることなく成長し続ける向上心。
（8）できないはない。できるにはどうすればいいかを思考する。
（9）スピードはこれまで以上に大切となる。
（10）責任を持って最後まで仕事を完遂する。

終章

あとがきにかえて

子供たちの時代を希望あるものに

社会で起きることを他人ごとではなく自分事として捉えながら協調し尊重することが今あらためて求められている。自由は大事だけれど、それと同じくらい社会に対しての責任が求められる。ある人が50センチ革命と言っていた。1人ではたった50センチだけれど、みんなが50センチ踏み出したらその総和は大変大きなものになる。

そんな社会をつくれないだろうか。そこに向けて一緒に頑張る仲間が欲しい。この書籍はその仲間を集めるための手紙でもある。

少子高齢化に伴う社会保障給付費の膨張は大きな社会問題であり、今の日本の一丁目一番地の課題と言える。既に一般会計予算の3分の1を占める社会保障給付費は経常的なコストであり、何があろうと毎年負担しなければならない。

つまり、このコストが重くなると新しい取り組みへの投資を妨げてしまう。これは企業において、新規事業へのチャレンジや研究開発などゴーイングコンサーンのために必須な取り組みを妨げることと同義である。国における新規領域とは何か。それは新しい産業の芽を育てることなどだけではない。これからの社会の根幹を担う若い人材が未来に希望を持ち、生き生きと働き社会に貢献できる社会づくりが最も大切な投資である。

現在は社会保障給付費の上昇に伴う社会保険料の負担増などにより、現役世代の手取り年収はこの21年で43万円減少しているというデータもある。いずれにしてもこの社会保障の負担と給付の関係は見直し必至である。しかし、シルバー民主主義よろしく票田である高齢者層に厳しいこの政策を打つことに政治は腰が重い。

いずれ自分も高齢者になる。それでも今すぐにでもやるべきだ。

私は1977年生まれ、団塊ジュニア世代に続く人口のボリュームゾーンだ。同時にこの世代は就職氷河期世代でもある。非正規労働者も多くニートも多い。8050問題、9060問題のど真ん中だ。未婚男性の平均寿命は68歳というデータもある。2040年に向けて独居老人は増え、生活保護も増え、孤独死も増えるだろう。介護、医療において単純な手続き数が増えるだけでなく、様々な社会問題が発生し、それによる自治体の仕事はさらに増えることが見込まれる。しかも加速度的に。

このままの社会保障制度で行けば、この世代が高齢者になる２０４０年は今と比べものにならないくらい社会保障の負担と給付の関係がアンバランスになる。それは、２０４０年の20代・30代に迷惑をかけることになる。子供を持つものとして、自分の子供の世代にそのような負担をかけたくない。２０４０年とはそんなタイミングなのだ。

そんなディストピアを想像してしまう。そうならないために、公共サービスの供給スキームを早急に変えていかなければならない。高齢者も含めてすべての国民が公共の当事者として今すぐに建設的な議論をすべきだ。

就職氷河期世代は時代の割を食っている世代だ。直前のバブル世代と違いバブル崩壊による不景気により就職できない。失われた30年で所得はずっと上がらない。ここに来ての賃上げは若手世代が優先で給与逆転現象が発生している例もある。おそらく高齢者になるタイミングでは医療費負担なども現役と変わらないレベルになるだろう。

それでも子供の世代に迷惑をかけないために、この世代には最後まで割を食う覚悟が必要だろう。そして、それを押し進めていく仕事が私の最後の仕事になるかもしれないという覚悟は持っている。

将来にわたって公共の福祉を守ること、そのために様々な改善を提案し、実行していく。これが自治体を含めた公共の仕事に関係する者たちすべての大きなミッションだと私は思う。この書籍は２０４０年に向けてその公共の福祉を守るための行政、特に自治体の経営に関する論点と提言を、今の私の持っている知識とスキル、経験から精一杯ひねり出したものとなっている。今自治体や公共領域で仕事をしている方々、また民間企業で公共領域の仕事をしている方にぜひ共有したい問題意識を精一杯書いたつもりだ。

今、この瞬間の問題意識を形に残さなくてなんとするか、というのが正直な今の想いである。

共に協力し将来の日本を良くしていきませんか。子供たちの時代を希望あるものとすべく一緒に汗を流しましょう。それが僕らにできる最も幸せな行為だと信じています。

この書籍を出版するにあたり、日経ＢＰには多大なご協力をいただいたことに感謝申し上げたい。

また、私が代表を務めるグラビスグループのグラビス・アーキテクツをはじめ、アンビライズ、パブリックタレントモビリティの社員には日々の仕事を通じて様々な示唆をいただくとともに、書籍出版にあたり大変多くの協力をいただいた。

現場で日々努力している皆さんの姿を見ていつも勇気づけられている。皆さんは日々の仕事を通じて社会問題の解決に貢献したいという思いでグラビスに参画してくれたとても優秀で魅力的なビジネスパーソンだ。とても心強い。このような仲間がいる私は何と幸せなことか。

また、私がこの公共領域の仕事を主戦場としている背景には、地元の市役所の職員を経て市会議員を4期務めた父の影響が非常に大きい。地元のために奔走する父の背中を見る中で、私自身も地域や社会に貢献できる仕事を模索し、自分なりに今の仕事を、今の自分の居場所を見つけることができた。本当に感謝している。

最後になるが、２０１０年に起業してから心配と苦労を掛けてきた家族に感謝を申し上げたい。いつも私の仕事を応援してくれる家族があってこそ、今の自分の仕事がある。

２０２４年10月

古見　彰里

古見 彰里（こみ あきのり）

1977年生まれ。2001年に朝日アーサーアンダーセン（現PwCコンサルティング）に入社し、公共機関や民間企業に対する業務改革やデジタル化支援のプロジェクトを手がける。2010年、グラビス・アーキテクツを設立、代表取締役に就任。2021年にHD体制へ移行。公共機関向けに、コンサルティングにとどまらない総合的な社会問題解決に資する事業展開に取り組む。2008年より北海道大学経済学部にて非常勤講師を務め、「コンサルティング業務論」、「公共経営論」の講義を行う。2019年より札幌市の市政アドバイザーを務める。

公共の未来
2040年に向けた自治体経営の論点

2024年10月 7 日　第1版第1刷発行
2024年10月15日　第1版第2刷発行

著者　古見彰里
発行者　河井保博
発行　株式会社日経BP
発売　株式会社日経BPマーケティング
〒105-8308 東京都港区虎ノ門4-3-12
装丁・デザイン　アートオブノイズ
制作　クニメディア
印刷・製本　TOPPANクロレ株式会社

ISBN 978-4-296-20566-0

本書に関するお問い合わせ、ご連絡は下記にて承ります。
https://nkbp.jp/booksQA